LE SECRET
DU VRAI BONHEUR

Cherché et trouvé

dans le passé, le présent et l'avenir

de la

PAROISSE DU SAINT-SÉPULCRE

à SAINT-OMER   (Pas-de-Calais)

NOMBREUSES GRAVURES

Eglise Paroissiale du Saint-Sépulcre

Société Anonyme
" l'Indépendant "
du Pas-de-Calais

H. D'HOMONT
Imprimeur

PHOTOGRAVURE. BOULOGNE-SUR-MER

LE SECRET DU VRAI BONHEUR

VUE INTÉRIEURE DE L'ÉGLISE DU SAINT-SÉPULCRE

LE SECRET DU VRAI BONHEUR

DANS LE PASSÉ, LE PRÉSENT ET L'AVENIR

DE LA

Paroisse du Saint-Sépulcre

A SAINT-OMER

Pas-de-Calais

par l'Abbé Augustin DUSAUTOIR

A LA BASILIQUE NOTRE-DAME

Membre titulaire de la Société des Antiquaires de la Morinie.

Nombreuses Gravures.

Société anonyme
de l'*Indépendant du Pas-de-Calais*
H. D'HOMONT, imprimeur.

SAINT-OMER
14, rue des Clouteries.

DÉDICACE

A MONSEIGNEUR L'ÉVÊQUE D'ARRAS, BOULOGNE ET SAINT-OMER.

Monseigneur,

A l'heure, où les Évêques de France unanimement groupés autour du Souverain Pontife, puisent, dans leur union au Siège de saint Pierre, la vraie liberté et le secret de la force apostolique qui sauve les âmes et régénère les peuples, les Catholiques Français à leur tour ne font plus qu'un avec leurs Évêques. Plus que tout autre, Monseigneur, Votre beau diocèse, l'un des premiers de notre cher Pays par le chiffre de sa population et par son attachement à la Foi de ses Pères, désire, en toutes choses, se conformer aux ordres paternels de son Premier Pasteur.

Connaissant Votre sollicitude pour Vos paroisses, j'ai l'honneur et le bonheur de Vous offrir, aujourd'hui, comme filial hommage, un volume qui en retraçant l'histoire particulière de l'église du Saint-Sépulcre, à Saint-Omer, dira aussi à tous, les forces latentes et invincibles de chacune des paroisses du diocèse, dont le plein épanouissement sera la fière et généreuse réponse aux persécuteurs de l'heure présente.

Daignez donc, Monseigneur, bénir le « Secret du vrai bonheur » et que cette bénédiction atteigne toutes les âmes qui trouveront, je l'espère, ce vrai bonheur, en le cherchant dans ces pages écrites pour toutes les âmes de bonne volonté, et surtout pour les plus délaissées. Comme le Divin Maître, le Prêtre Catholique ne doit jamais cesser de redire le « Misereor super turbam ».

Je reste, Monseigneur, de Votre Grandeur, le prêtre dévoué en N.-S. J.-C.

L'ABBÉ AUGUSTIN DUSAUTOIR,
à la Basilique Notre-Dame,
à Saint-Omer.

GRAVURES CONTENUES DANS CE VOLUME

PRÉFACE

En terminant notre travail sur la « *Tour Saint-Bertin* »
nous écrivions : « *Les paroisses* de France resteront *les citadelles* du Catholicisme, qui a fait notre bien-aimée Patrie si
grande dans le passé, réveillons donc avant tout « *l'esprit paroissial* », là est le salut et pas ailleurs. »

La première préoccupation de *l'Église Catholique*, notre
Mère, c'est d'aimer les âmes et de les convertir et c'est aux
grandes familles paroissiales qu'elle confie, au seuil du
XXᵉ siècle, la sublime mission de la régénération de la Société
moderne par la divine Charité. Plus que jamais *le défenseur
des intérêts surnaturels* de nos concitoyens, et pour les remercier du bienveillant accueil qu'ils ont réservé à nos pré-
cédentes publications, nous leur offrons aujourd'hui un
nouveau volume qui, sous un titre tout particulièrement cap-
tivant, leur fera connaître *l'attachante histoire de la Paroisse
du Saint-Sépulcre*, à travers les siècles.

Dans une première partie, nous rappellerons les origines
et les développements de cette paroisse qui fut, dès le
XIIIᵉ siècle, la plus importante de la ville de Saint-Omer. Sa
vieille et vaste église, son ancienne chapelle du Saint-Sépulcre,
ses fondations charitables, ses confréries prospères groupant
une vingtaine de corporations ouvrières, ses communautés
de Religieux et de Religieuses, ses établissements hospi-
taliers et ses écoles jusqu'à la Révolution, retiendront d'abord
notre attention, et nous forceront de proclamer la *place prépondérante* occupée par les Paroisses à cette époque dans les
villes, pour leur plus grand bonheur.

Puis viendra *la période néfaste du nihilisme destructeur*

de la « *Révolution* » qui, tour à tour, transforma l'église du Saint-Sépulcre, dans l'espace de dix-huit mois, en temple de la « *Raison* », puis de la « *Nature* » et enfin de l' « *Être suprême* ». Cette période très curieuse au point de vue historique, se termina par la prise de possession de l'église paroissiale par l'Évêque schismatique constitutionnel, qui en fit sa *cathédrale*.

L'aurore de *la restauration du culte* catholique en 1802 ne pouvait tarder, et nous assisterons à l'intéressante reconstitution du culte et du mobilier de l'église sous MM. les Curés-Doyens *Cavrois, Ferdinand et Bernard Ducrocq* et *Dumetz*, en même temps qu'à l'intelligente et apostolique réorganisation de la vie paroissiale. *Cette vie paroissiale* nous en constaterons successivement les heureux progrès au xixᵉ siècle sous le pastorat de *MM. les Chanoines Lœuillet, Doublet* et *Benoist*, et enfin sous celui de *M. l'Abbé Vanherdrick* et de *M. le Chanoine Désert*. Partout, en raison même des épreuves, nous y trouverons les meilleures espérances, et la récompense divinement promise au véritable zèle sacerdotal.

Dans une seconde partie, la plus importante, nous rappellerons tous les noms anciens et modernes *des rues de la Paroisse et les souvenirs historiques* qui s'y rattachent, puis nous décrirons l'Église paroissiale comme la « *Maison de Dieu* », grâce au don ineffable de la présence réelle de Notre-Seigneur Jésus-Christ au Saint Tabernacle, et comme le *Temple sacré de la Prière* en général, et plus spécialement, de la prière par excellence, le *Saint sacrifice de la Messe*. Nous montrerons ensuite comment cette église paroissiale reste *la source vivifiante* de la vie surnaturelle dans les âmes, par les sacrements reçus dans son béni sanctuaire. *La Paroisse, « Maison de la famille »*, nous permettra encore d'évoquer le souvenir aimé du Souverain Pontife, premier père et chef de cette famille, de Nos Seigneurs les Évêques d'Arras depuis 1802 et des dévoués Pasteurs qui l'ont dirigée dans les voies de Dieu. Enfin, *la Paroisse, magnifique source d'expansion* des œuvres de piété et des œuvres sociales les plus variées, et multipliées par la persécution elle-même, nous fera passer en revue toutes les œuvres paroissiales du Saint-Sépulcre au xxᵉ siècle, où les Communautés religieuses enseignantes et hospitalières rivalisent de zèle avec les Paroissiens, pour procurer, au peuple audomarois, les joies vraiment réconfortantes de la grande famille paroissiale.

Notre conclusion révélera l'important secret, annoncé en première page, et après avoir défini le rôle de la richesse, de la santé, de la gloire, en ce monde; après avoir prouvé la mission réparatrice et sanctifiante de la douleur et de la souffrance, *elle dira clairement ce qu'est le vrai bonheur* tant recherché ici-bas.

Nos dernières pages seront consacrées à *l'amour du clo-cher et de la paroisse*. Nous y préciserons le rôle néfaste du respect humain le méprisable tyran des consciences, et *notre salut d'adieu* sera pour les âmes vaillantes des Paroissiens du Saint-Sépulcre, convaincus de l'union indissoluble des im-mortelles destinées de l'Église et de la France.

L'Abbé Augustin Dusautoir,
à la Basilique Notre-Dame,
Membre titulaire de la Société des Antiquaires
de la Morinie.

CHAPITRE I

Importance de la paroisse du Saint-Sépulcre sous la juridiction successive des Evêques de Thérouanne, de Saint-Omer et d'Arras. —
Origine du titre du Saint-Sépulcre. — L'édifice remonte aux XIIIe et
XIVe siècles. — La vieille et superbe tour du XIVe siècle. — Souvenirs
mémorables. — Consécration de l'église en 1387, sa solennité.

La paroisse du Saint-Sépulcre dont nous allons par-
courir l'intéressante histoire, a toujours occupé une
place prépondérante parmi les autres paroisses, *Sainte-
Aldegonde, Saint-Denis, Sainte-Marguerite, Saint-Jean,*
et *Saint-Martin-en-l'Isle,* qui, depuis les origines, jusqu'à la Révolution française, constituèrent la « *Chrétienté*
intrà muros » de la ville de Saint-Omer. Si elle n'est
pas la plus ancienne par la date, elle a été du moins la
première par le chiffre de sa population, par l'étendue
de son territoire et par l'importance de ses revenus,
depuis le douzième siècle jusqu'à 1789. Placée tour à
tour sous la juridiction des *Evêques de Thérouanne* successeurs des *Saints Omer, Erkembode* et *Folquin,* les
glorieux Apôtres de notre contrée, et à partir de 1563
sous celle des vingt-deux *Evêques de Saint-Omer,* elle
fait partie depuis 1802 du diocèse d'Arras où elle est le
siège du doyenné nord de l'Archiprêtré de Saint-Omer.
Les ravages du temps, et surtout les déprédations insen-
sées du vandalisme révolutionnaire qui jeta pêle-mêle,
dans le feu des bûchers, les documents historiques les

Importance
de la paroisse
du Saint-Sépulcre
sous la juridiction
successive
des Evêques
de Thérouanne,
de Saint-Omer
et d'Arras.

1

plus précieux, ayant presque totalement ruiné le trésor des archives paroissiales, nous nous sommes efforcés de recueillir le plus grand nombre possible des épaves échappées à la torche incendiaire des autodafés.

Origine
du titre
du Saint-Sépulcre.

Le vocable lui-même de la paroisse du Saint-Sépulcre, nous fait reporter son établissement jusqu'au temps des Croisades entreprises de 1095 à 1270 pour réparer le lâche abandon des Lieux Saints par les Grecs. Trois Audomarois, *Guillaume Ier, Hugues et Geoffroy*, chevaliers de l'illustre famille « *de Saint-Omer* », immortalisèrent leur nom en Palestine et aidèrent puissamment *Godefroy de Bouillon* à s'emparer de Jérusalem en 1099, après avoir entraîné à leur suite non seulement un certain nombre de seigneurs du pays mais encore quantité d'hommes d'armes du peuple.

Il est donc probable que l'église paroissiale du Saint-Sépulcre fut ainsi nommée en souvenir de la grande dévotion dont les seigneurs audomarois avaient été les heureux témoins, auprès du tombeau glorieux du Sauveur en Terre-Sainte.

L'édifice remonte aux XIIIe et XIVe siècles.

L'église actuelle remonte au xiiie siècle pour le chœur et la partie des nefs qui s'étend jusqu'aux chapelles formant transept. Les fenêtres et les gracieuses arcades trilobées du soubassement du mur du chœur présentent en effet tous les caractères archéologiques de cette époque. *Quant au reste de l'église, il date du xive siècle,* et les chapelles actuelles du Calvaire et de Saint-Joseph n'ont même été ajoutées qu'au xve siècle dont elles portent l'ornementation. La brique jaune y a remplacé la pierre blanche des siècles précédents.

Les trois nefs qui forment un ensemble imposant sont séparées par des colonnes monocylindriques surmontées de chapiteaux à feuillage dont le tailloir reçoit les retombées des arcades ogivales. Nous signalerons plus loin toutes les modifications apportées au xixe siècle à l'aménagement intérieur de l'église.

Quant à *la vieille tour* du quatorzième siècle, solide comme aux premiers jours, malgré ses cinq cents ans, elle a assisté jusqu'à trois fois au renouvellement complet de la flèche si élégante dont elle porte audacieusement le sommet jusqu'à 52 mètres audessus du sol. *Cette flèche,* ornée d'un double cadran et d'ouvertures quatre feuilles, de crochets et de minuscules fenêtres gothiques dont les vitres reflètent comme autant de diamants les feux du soleil, reste le dernier et remarquable spécimen des clochers qui jadis méritèrent à la ville de Saint-Omer le titre de « ville aux beaux clochers ». Couverte à l'origine en ardoises, elle fut construite en pierres blanches au milieu du dixseptième siècle et entièrement renouvelée en 1891 sur le même plan. *Le tympan du grand portail* dont la porte, nous le dirons, a été renouvelée au xixe siècle, est surmonté d'une arcade gothique où figurent dix statuettes mutilées, et appelant réparations, qu'il est impossible d'identifier. Un projet de restauration a été aussi établi pour le petit portail sud dont dix anges forment l'ornementation où domine également le « quatre feuilles ». La longueur de l'église est de 54 mètres. La grande nef a 16 mètres 30 de hauteur, les nefs latérales 14 mètres.

Nous voyons figurer le nom de la paroisse du Saint-Sépulcre dans une Bulle du Pape Calixte II en 1223, confirmant sa dépendance du *Chapitre* de la Collégiale de Saint-Omer. — Une liste des dignitaires du Chapitre, dressée en 1690, cite un *chanoine* nommé *Daupré,* comme curé du Saint-Sépulcre en 1284. — En 1303, nous voyons l'inhumation dans l'église du Saint-Sépulcre du chef des arbalétriers, Pierre Courtriseaux et son fils, tous deux tués à la bataille d'Arques. — En 1319, *Symon Sandre* et *Jehan de Cléty*, donnent au Chapitre, par devant notaire, reconnaissance de la pension qu'ils lui doivent pour les deux portions de la cure du Saint-Sépulcre, dont ils sont chacun titulaires. Déjà à cette époque la paroisse était devenue si importante qu'il avait fallu nommer un curé et un vice-curé.

Un fragment du sceau paroissial de *Simon Sandre* est conservé au musée, rue Carnot. Le champ est partagé en deux compartiments. Dans la partie supérieure on aperçoit le Christ triomphant, accosté d'un ange en adoration. La partie inférieure contient dans trois niches gothiques des personnages qui ne sont autres que les soldats de Ponce-Pilate endormis.

L'année 1380 vit l'*établissement de la Confrérie du Saint-Sépulcre*, qui resta prospère jusqu'à la fin du dix-huitième siècle.

Une date demeurée célèbre dans l'histoire paroissiale de l'église du Saint-Sépulcre, c'est celle de sa *consécration* qui fut faite par *Jean IV dit Tabary*, évêque de Thérouanne, le 14 avril 1387. Le parchemin qui nous donne les détails de cette cérémonie a été heureusement conservé. Au cours des rites liturgiques, l'évêque encastra dans la maçonnerie, à une place d'honneur, du côté droit de l'église, *une pierre provenant du Saint-Sépulcre de Jérusalem*, et des indulgences furent accordées à ceux qui célébreraient pieusement chaque année l'anniversaire de cette fête mémorable. Outre les abbés, prévôts, archidiacres et autres dignitaires ecclésiastiques et les deux curés *Letailleur et Palin*, les mayeurs, *Jacques de Nortkelmes, Eustache de Morcamp, Lambert de Boulogne*, l'échevin *Jacques de Benton* et les marguilliers, *Tassard*,

Ratot, Jean de Guslinghem, Martin de Wissoc et Guy Socy
assistèrent à la consécration au milieu d'une foule
considérable.

La même année 1387, le 15 novembre, vit l'établissement de la *Confrérie de saint Jacques le Majeur.*

En 1389, cinq cloches sont signalées dans le beffroi de
la tour dont le clocher est terminé.

CHAPITRE II

La paroisse au xve siècle.

Fondation de l'hôpital Saint-Jean-Baptiste.

C'est au début du xve siècle, en 1408, que fut fondé dans la *Litte-Rue*, aujourd'hui *rue de Wissocq*, alors territoire de la paroisse du Saint-Sépulcre, l'*hôpital Saint-Jean-Baptiste*, par *Marie Gherbode*, dame de la Hollande et veuve de *Jean de Wissocq*.

Ce dernier à son retour de Terre-Sainte avait, en effet, acheté un terrain pour y élever un hospice destiné à héberger pendant une nuit les voyageurs pauvres et surtout les nombreux pèlerins fréquentant les sanctuaires de *Notre-Dame des Miracles*, sur la Grand'Place de Saint-Omer et de *Notre-Dame de Boulogne-sur-Mer*. Bientôt l'hospice se transforma en un hôpital desservi par les Religieuses de l'*Ecoterie* qui se dépensaient déjà auprès des malades à l'*hôpital Saint-Louis*, situé à cette époque rue du « *Brusle* » (aujourd'hui rue d'*Arras*, sur la droite, en face de la rue *Thiers*). Grâce aux libéralités de ses fondateurs et de leurs descendants, l'hôpital Saint-Jean rendit de grands services à la Ville. Ses bâtiments furent en partie reconstruits à la fin du dix-huitième siècle, grâce à la générosité de *M. de Trazégnies*, et, après la Révolution, ils s'augmentèrent de l'ancien *Couvent des Repenties* qui leur était contigu au bas de la rue Wissocq.

Cette dernière maison placée sous le vocable de *sainte Marie-Madeleine* avait été fondée en 1483 par *Adrien de Wissocq*, et correspondait à la Communauté actuelle du « Bon Pasteur ». Quand elle fut fermée à la Révolution, elle était sous la direction de dix-sept religieuses.

L'ancienne chapelle de l'hôpital Saint-Jean fut, au cours du xviiᵉ siècle, le centre d'un pèlerinage très suivi à la statuette de *Notre-Dame de Foix*, encore vénérée de nos jours au-dessus du maître-autel et au pied de laquelle de nombreuses et merveilleuses guérisons furent obtenues.

L'hôpital Saint-Jean occupé par environ 200 vieillards pauvres des deux sexes et quelques dames pensionnaires, se trouve sous la direction de *la Commission des hospices* de la ville de Saint-Omer et ce sont les dévouées *Religieuses Franciscaines* qui réservent leurs soins maternels aux vieux invalides du travail, qu'elles préparent en même temps saintement à l'éternel repos.

Nous parlerons de son élégante chapelle moderne dans l'histoire de la paroisse Notre-Dame, au territoire de laquelle l'hôpital Saint-Jean appartient désormais.

Le nom de la généreuse *Famille de Wissocq* se rattache également à *l'un des monuments historiques les plus anciens* de la paroisse du Saint-Sépulcre. Ce souvenir nous a été conservé par *une inscription ancienne*, aujourd'hui placée au pilier de soutènement du clocher et face à la basse nef méridionale. Dans la partie supérieure, en cintre surbaissé, de cette pierre commémorative, on

L'antique et curieuse chapelle du Saint-Sépulcre.

voit trois anges soutenant deux écus armoriés aujourd'hui martelés. La bordure engrélée de l'un d'eux, dit assez qu'il appartient à la famille de Wissocq. L'inscription en minuscule gothique nous rappelle qu'en 1423 *Nicole de Wissoc* et *Jacquemine de Saint-Aldegonde* son épouse, firent construire en mémoire de leurs parents une chapelle dédiée au Saint-Sépulcre. *Cette chapelle*, appelée aussi, du *Jardin des Olives*, se trouvait à l'extérieur de l'église actuelle, adossée au mur méridional et vis-à-vis les fenêtres les plus rapprochées du transept construit plus tard et devenu aujourd'hui la chapelle du Calvaire. On y accédait, de l'intérieur de l'église, par la baie jumelle bouchée, de nos jours, mais encore visiblement inscrite dans le mur sous l'avant-dernière fenêtre, et on descendait quelques marches. *Le tombeau du Sauveur* se trouvait sous une voûte gothique, et il était entouré des personnages traditionnels qui procédèrent à l'ensevelissement de Jésus.

La *Confrérie du Saint-Sépulcre*, fondée en 1380, y eut son centre très florissant, et les fidèles affluaient pour le gain des indulgences que les Souverains Pontifes attachèrent successivement à sa visite. Le Conseil se composait de six ecclésiastiques et de six laïques. Mgr Blasœus, évêque de Saint-Omer, donna une nouvelle approbation des statuts de cette confrérie en 1612.

La chapelle en question après avoir servi de dépôt aux pompes à incendie au moment de la Révolution, dépôt ensuite transporté au coin et à l'est de l'enclos du Saint-Sépulcre, fut démolie. Ses statues mutilées avaient été vendues à l'encan et dispersées.

Son souvenir perpétué au XIXᵉ siècle.

Pour rappeler la mémoire de cet intéressant monument on établit dans la chapelle du Calvaire, au commencement du XIXᵉ siècle, un tombeau sans personnages et où figurait un Christ couché. *Le cénotaphe* était surmonté d'un fronton de style grec, portant la devise « *Et erit sepulcrum ejus gloriosum* » et dominé lui-même par *un Christ triomphant.* Ce dernier en bois et du xviiie siècle a été restauré par M. le Doyen Désert en 1901 pour la procession de la Fête Eucharistique. Quant au *Christ couché,* et en pierre dure, qui porte le cachet du xviie siècle, il fait partie d'une collection particulière.

Deux médaillons en marbre, du Christ et de la Vierge, présentement placés aux piliers des orgues, proviennent de cette chapelle.

Parmi les villes de France qui eurent comme Saint-Omer l'avantage de posséder une église dédiée au Saint-Sépulcre à l'époque des Croisades nous citerons, *Cambrai, Abbeville, Montdidier, Caen, Rouen* et *Annecy.*

En Belgique, *Bruges* possède également une église du Saint-Sépulcre, appelée *Jérusalem,* d'un caractère très original et de style oriental.

En Angleterre, à *Londres,* dans le quartier d'*Holborn,* il existait aussi une paroisse du Saint-Sépulcre, en partie détruite dans un incendie au xviie siècle. La cloche des trépassés sonnait à la tour de cette église quand les condamnés à mort étaient conduits au lieu d'exécution.

La veille, le sonneur se rendait avec une clochette sous les murs de la prison et s'adressait aux coupables dans les termes suivants :

Vous tous, les condamnés, songez à votre fin,
Et préparez-vous-y, car vous mourrez demain.
Veillez donc et priez, puisqu'en ce jour-là même,
Vous paraîtrez devant votre Juge suprême.
Lorsque du Saint-Sépulcre une cloche dira,
Que de votre prison la dernière heure est là,
Puisse le repentir purifier vos âmes.
Jésus vous sauvera des éternelles flammes.

En 1428, nous voyons le vice-curé du Saint-Sépulcre délivrer *un certificat* permettant à l'abbaye de Saint-Bertin d'enterrer dans son église, *Jacques Coquillan*, son paroissien. La multiplication des communautés à Saint-Omer, surtout à partir du xviie siècle, et le désir que leurs bienfaiteurs exprimaient d'être ensevelis dans les chapelles des religieux ou des religieuses, rendit fréquent l'usage de ces certificats qui sauvegardaient les droits paroissiaux.

Les corporations de métiers, sur lesquelles *M. Pagart d'Hermansart* a composé en 1879 un très complet ouvrage, étaient fort prospères au moyen-âge. Chacune d'elles avait son organisation religieuse qui portait le nom de *Confrérie*. Ces confréries avaient un saint pour patron et même souvent une chapelle spéciale dans l'une des églises paroissiales de la ville.

L'église paroissiale était le centre religieux d'une vingtaine de Corporations de métiers.

C'est l'église du Saint-Sépulcre qui était la mieux partagée à cet égard. Une ordonnance du 14 janvier 1479 permet aux chapeliers de transporter l'autel de *sainte Barbe* leur patronne, de la chapelle *sainte Catherine* (aujourd'hui de *saint Joseph*) dans celle des *saints Maxence et Firmin* qui se trouvait dans la nef méridionale près de la porte d'entrée de la chapelle du Sépulcre. *Saint Nicolas* patron des bouchers et des épiciers, — *saint Louis* patron des barbiers et coiffeurs, — *saint Honoré* patron des boulangers, — *saint Barthélemy* patron des tanneurs et des boursiers, — *saint Arnould* patron des brasseurs, — *saint Crépin et saint Crépinien* patrons des cordonniers, — *saint Antoine* patron des charcutiers, — *sainte Anne* patronne des menuisiers, — *saint Liévin*, dont la fête se célébrait le 12 mai, patron des filetiers, — *saint Maur* patron des plombiers, — *Notre-Dame* patronne des frais poissonniers (d'eau douce), (les poissonniers de mer avaient leur chapelle de *saint Pierre à l'église Saint-Denis*), — *saint Roch* patron des fripiers, — *saint Jean-Baptiste* patron des fripières, — *sainte Thècle*, patronne des sallinghiers (saliniers), — *saint Erasme* patron des couvreurs, — *saint Eloi* patron des estainiers et aussi des laboureurs de la paroisse qui, avant l'établissement des fortifications, s'étendait dans la banlieue jusqu'à *Salperwick*, — enfin *saint Claude* patron des futailliers et des graissiers, — tous ces saints et saintes étaient honorés d'un culte particulier dans l'église du Saint-Sépulcre. *Les confréries* payaient l'entretien des chapelles et des autels, les fêtes patronales étaient célébrées très solennellement avec *obit du lendemain*, et l'on portait un cierge aux enseignes de la confrérie à l'enterrement des confrères. Le même autel servait à plusieurs confréries. — *A la procession du Saint Sacrement* chaque corps de métier était représenté par son doyen portant *un cierge orné de fleurs*, d'emblèmes et du blason du Corps — ce jour-là l'appel était fait dès six heures du matin, et des *règlements spéciaux* déterminaient à l'avance les questions de préséance dans le cortège entre les différentes corporations.

En 1479 nous voyons apparaître la *première communauté religieuse sur la paroisse* du Saint-Sépulcre, *celle des Dominicains*. Le terrain où ces derniers s'établirent par lettres patentes de *Maximilien d'Autriche* et de *Marie de Bourgogne*, fait partie aujourd'hui de la paroisse *Saint-Denis*, mais il était alors compris dans le territoire de la paroisse du Saint-Sépulcre. Il comprenait l'espace limité par les rues actuelles *Alphonse Deneuville* et *Omer Pley* et les rues Allent et Carnot. Installés en dehors de la ville près de la porte Boulenisienne (entrée du Jardin public moderne) dès 1324, ces religieux y demeurèrent

Fondation
de la Communauté
des Dominicains.

jusqu'en 1479. Ils se livraient au ministère de la prédication depuis Calais et Boulogne jusqu'à Lillers, Saint-Pol et Thérouanne.

Leur chapelle à trois nefs, dont l'église Saint-Denis possède encore la *boiserie monumentale* en bois sculpté et doré qui occupe le fond du chœur, fut consacrée en 1536 par l'Evêque suffragant d'Arras. Le *Père Pascal Maupajetz*, ancien prieur et audomarois, y fut inhumé après avoir été l'une des célébrités de l'époque.

Les Dominicains avaient établi dans leur sanctuaire, *six confréries*, celle du *Saint Nom de Dieu*, de *Notre-Dame du Rosaire*, de *Saint-Jacques*, de *Saint-Pierre martyr*, de *Notre-Dame de Pitié* et de *la Milice ou ceinture de Saint-Thomas d'Aquin*.

Les fêtes qu'ils célébrèrent en 1671 pour les Bienheureux de leur Ordre, *Gonzalez d'Amarante*, *Jacques de Mevonia* et *Marguerite de Savoie*, et pour les canonisations de *saint Pie V* en 1714, de *saint Louis Bertrand* et de *sainte Rose de Lima* eurent un grand retentissement.

En 1778 on lisait encore sur la corniche placée au-dessus de la porte d'entrée du côté de la rue Allent, ces trois mots « *Laudare, benedicere, prœdicare* » « Prier, bénir, prêcher » qui résumaient le ministère des fils de saint Dominique, dits aussi Frères Prêcheurs. Les Dominicains au nombre de 26 quittèrent leur couvent le 16 août 1791.

Les *Frères Scellebrodes*, de l'ordre des *Cellites de Saint-Augustin*, furent chargés de tenir une *maison de correction* pour la jeunesse, de 1489 à 1496. Leur maison se trouvait contiguë au cimetière du Saint-Sépulcre.

L'année 1493 vit l'établissement de *deux confréries* renommées, celle de *Saint-Roch* à Saint-Sépulcre et celle de *Saint-Druon* à l'église Saint-Jean-Baptiste (sur la place actuelle de Saint-Jean), le premier était invoqué contre les maladies contagieuses et surtout la peste qui sévissait souvent alors à Saint-Omer. Les hernieux et les malades atteints de la gravelle avaient recours au second. En 1850 on voyait encore une antique statue de saint Druon, près de la porte de la sacristie actuelle, avec plusieurs petites pierres en ex-voto ; de nos jours, les statues modernes de ces deux saints se trouvent dans la chapelle consacrée à saint Joseph. *Saint Roch* mourut en 1327, à *Montpellier*, après avoir opéré de son vivant de merveilleuses guérisons surnaturelles dans les hôpitaux où il soignait les pestiférés. Quant à *saint Druon*, c'est un saint ermite de nos pays, qui mena une vie très austère après avoir accompli de nombreux pèlerinages et dont l'intercession fut souvent efficace contre les maladies citées plus haut. Le Pape Clément X enrichit la confrérie de Saint-Roch de nombreuses indulgences en 1670.

Des trois cloches qui existent encore au xxᵉ siècle dans le beffroi de la tour du Saint-Sépulcre, la plus petite, dont le son fondamental se rapproche du fa dièze, date de 1499. Elle ne porte pas d'indication de parrains. On y lit ces mots sur une seule ligne *« A Dieu soit plaisant mon ton. Marie c'est mon nom »*. La grosse cloche, nous le dirons, fut fondue en 1653, et la moyenne en 1843. Cette petite cloche est timbrée d'un médaillon représentant sous une arcature trilobée la Vierge tenant sur son bras gauche l'Enfant Jésus et de quelques lettres énigmatiques.

La petite cloche
« Marie »
du xvᵉ siècle.

CHAPITRE III

La
« Table des Pauvres »

Dès l'origine de la paroisse du Saint-Sépulcre, le sou-
lagement des pauvres avait été considéré par le Clergé
comme l'un des éléments essentiels de la vie chrétienne
et paroissiale. Nous voyons les administrateurs de la
« *Table des Pauvres* » dits *Tabliers,* prêter solennellement, dès le xive siècle, le serment de bonne gestion des
revenus et des aumônes, à la Halle municipale, en présence du Mayeur et des Echevins qui nommaient les
receveurs de ces sociétés charitables. La « *Table des
Pauvres* » si secourable aux vrais miséreux disparut
avec la Révolution qui, dans son torrent dévastateur,
entraîna cette institution si bienfaisante pour la classe
ouvrière. Les distributions se faisaient au moyen de
« méreaux » ou jetons qui s'échangeaient ensuite contre
divers produits d'alimentation.

L'ancien
cimetière
autour de l'église.

L'usage d'inhumer les paroissiens dans le cimetière
qui entourait l'église et qui, au xve siècle, se prolongeait
fort avant, à l'est, en dehors de l'enclos actuel, dura

jusqu'en *1786*. En 1454, *le bourreau* y ayant été enterré, le peuple se récria contre cette inhumation et les bourgeois ne voulurent plus que les corps de leurs parents y fussent déposés. Il fallut l'exhumer pour réhabiliter le cimetière et le transporter dans un terrain spécial à la Malassise, dans le pré dit de la « Verte écuelle ».

En 1786, tous les cimetières paroissiaux furent d'abord réunis dans une prairie, propriété actuelle des Hospices, à l'intersection des routes de Blendecques et de Wizernes, et en 1838 au plateau des Bruyères, nous en reparlerons plus loin. On signale, en 1519, la création d'un sentier pavé à travers le cimetière du Saint-Sépulcre et la construction d'une barrière du côté de la rue Taviel actuelle, en face du couvent des Pauvres Clarisses.

Un curieux souvenir de ce cimetière et datant de 1528 nous est resté sous la forme d'*une pierre tumulaire*, aujourd'hui restaurée et placée au pilier droit des orgues. Cette pierre est celle de *Jehan de le Haye*, escarwette, c'est-à-dire officier chargé de la police et de certaines fonctions judiciaires. Elle se compose d'une croix de 0^m60 de hauteur et de 0^m40 de largeur, cantonnée en haut, des figures du soleil et de la lune, et en bas, de chaque côté, des instruments de la flagellation, accompagnés d'une tête de mort et de divers ossements. Une autre pierre sculptée aussi ancienne et longtemps au pilier à droite du petit portail nord a également été restaurée et placée au pilier gauche des orgues.

Ce monument, petit bas-relief de la Renaissance, est en pierre de Marquise. Il représente le Christ en croix accosté de la Vierge et de saint Jean et de deux époux agenouillés accompagnés d'autres personnages. Il rappelle le souvenir de Jacques de Penin, échevin, mort en 1608, et de Chrétienne Pierlant, son épouse.

Simon Ogier
paroissien modèle
et
poète célèbre.

Nous ne pouvons passer ici sous silence l'intéressante figure de *Simon Ogier, célèbre poète latin* et paroissien du Saint-Sépulcre. Né en 1549 dans la maison du « *Blanc-Ram* », le bélier blanc, dans la Tenne-rue, aujourd'hui rue de Dunkerque, n° 99, où une inscription en lettres d'or et gravée sur une tablette de marbre, perpétue son souvenir. *Simon Ogier* dont le nom a été donné à une rue voisine, était un *paroissien d'une grande foi* en même temps qu'un poète remarquable qui mérite de compter parmi les hommes éminents qu'a produits notre cité. Ses principaux ouvrages sont les « *Sylves* » ou *Forêts*, en six livres, trois livres d'*Odes*, trois livres d' « *Euchon* » ou *prières*, trois livres d'un « *Eté pluvieux* » et de nombreuses poésies détachées. Son élégie « *Artesia* » peut être citée comme un modèle du genre.

Simon Ogier passa dix ans *à Rome* et fut en relations avec les principaux personnages de la Cour pontificale. Il a célébré dans des vers délicieux son départ pour la Ville éternelle et son retour dans sa ville natale à laquelle il était profondément attaché. Les vieux murs de Sithiu et ses blanches tours, sa superbe abbaye de Saint-Bertin, les champs fertiles des environs, la verte forêt de Rihoult-Clairmarais et les ondes fuyantes de l'Aa forment, tour à tour, le thème de ses descriptions enthousiastes.

La Communauté
des Sœurs
de Sainte-Catherine
dites de Sion.

L'année 1580 vit l'établissement des *Sœurs de Sainte-Catherine, dites de Sion*, sur la paroisse du Saint-Sépulcre, à l'emplacement aujourd'hui limité par le côté droit de la rue basse Le Sergeant, la rue Courteville des numéros 34 au numéro 50, et une rue actuellement disparue et qui coupait la propriété des Religieuses de Notre-Dame de Sion jusqu'à la rue Edouard Devaux.

Cette Communauté habitait le faubourg du Haut-Pont depuis 1433 et en 1511 Louis suffragant de Thérouanne et évêque de Ghebel *(in partibus)* avait béni sa chapelle. Elle dut son entrée en ville à Valentin de Pardieu, seigneur de la Motte. L'évêque Jean Six consacra la chapelle en 1584 et en 1625 les Religieuses sollicitèrent l'autorisation d'être cloîtrées. — Quand les Sœurs de Sainte-Catherine furent dispersées en 1791, elles étaient trente religieuses de chœur et cinq converses. Les révolutionnaires établirent dans ce couvent une fonderie dans les creusets de laquelle furent jetées la plupart des cloches de la ville de Saint-Omer pour être transformées en gros sous.

A la fin du xvie siècle, *les Pauvres Clarisses*, réfugiées de la *Zélande*, occupèrent, avec la permission de l'évêque Jean de Vernois et du Magistrat, un terrain limité par les rues actuelles Le Sergeant à l'ouest, Taviel au sud, et Courteville au nord. Cette Communauté très pauvre et d'une règle très sévère recruta cependant toujours de nombreuses vocations. A sa fermeture, trente-sept religieuses s'y trouvaient encore.

Les Pauvres Clarisses.

Après la Révolution, les Pauvres Clarisses se sont reconstituées dans le Haut-Pont où elles furent approuvées par deux ordonnances de 1816 et de 1827 et elles joignirent à leur établissement une école de filles très appréciée des habitants des faubourgs.

C'est en 1578 que fut aussi transféré sur la paroisse du Saint-Sépulcre, là où se trouve de nos jours la Maison de retraite des Frères des écoles chrétiennes, *l'hospice des Sœurs, dites du « Soleil »*, parce qu'elles occupèrent une maison qui portait cette enseigne. Fondé primitivement par la famille de Sainte-Aldegonde, dans le faubourg du Haut-Pont, cet hospice devait entretenir un

L'hospice du Soleil.

certain nombre de pauvres de la ville et, de plus, héberger les voyageurs indigents. Les Religieuses du Soleil faisaient des distributions de soupe quotidiennes aux pauvres, par une porte qui donnait sur la rue actuelle de « Jacqueline Robins » appelée alors rue de la « Poulouche », nom rappelant la large louche dont se servaient les généreuses distributrices. En temps d'épidémie, la Communauté se dévoua auprès des pestiférés, et, au xviie siècle, elle établit des classes gratuites pour les enfants pauvres de la paroisse du Saint-Sépulcre et même un petit pensionnat pour les jeunes filles de la classe aisée.

L'offrande des cygnes.

Chaque année, en mémoire de la famille de Sainte-Aldegonde, leur bienfaitrice, les Sœurs du Soleil se rendaient à l'église paroissiale de Sainte-Aldegonde pour offrir deux cygnes enrubannés et portant au col une bourse renfermant un chapelet d'ambre et quelques pièces d'or. L'après-midi, ces deux oiseaux étaient envoyés à la « garenne aux cygnes », au lieu dit « les Madeleines ».

La consécration de dix autels en 1583.

Il y eut grande fête dans la paroisse du Saint-Sépulcre les 28 et 29 décembre 1583 à l'occasion *de la consécration* par Mgr Jean Six, *de dix autels* dont les titulaires furent saint Jean-Baptiste, saint Pierre, saint Denis, sainte Barbe, les saints Crépin et Crépinien, saint Roch, saint Michel, saint Jacques le majeur, saint Adrien et l'apôtre saint Thomas. Ces autels étaient placés dans les chapelles du transept, aux piliers de la première travée de la grande nef et contre les murailles au nord et au sud où se trouvent maintenant les bancs de Confrérie. Seul, l'autel de saint Denys, fut érigé dans la chapelle extérieure du Saint-Sépulcre décrite plus haut.

En 1583, l'Évêque de Saint-Omer de concert avec le

Chapitre sous le patronat duquel se trouvait la paroisse du Saint-Sépulcre, décida que pour donner plus d'unité à la direction de la paroisse, il n'y aurait plus désormais qu'un seul curé en titre au lieu de deux, et qu'un vicaire, des prêtres chantres et des prêtres habitués seconderaient cet unique pasteur.

L'année 1595 vit la *Communauté des Capucins* s'installer dans une maison offerte par Marguerite Gavelle, fille du seigneur de Croix, et située dans la Tenne-rue (rue de Dunkerque), sur un terrain s'étendant actuellement du n° 92 au n° 106 exclusivement. En 1596, les Capucins firent élever une *grande croix de bois* devant leur maison ; leur chapelle, qui avait une entrée sur la rue, ne fut achevée qu'en 1628 et consacrée en 1630. Ces religieux, nombreux et très pauvres, furent souvent l'objet de la bienveillance du Magistrat. Le Corps Échevinal accepta d'être parrain d'une cloche en 1753. *Les Capucins* étaient les *prédicateurs* attitrés des réunions des « *Sodalités* » ou confréries de la Sainte-Vierge et des différentes « stations » qui avaient lieu à tour de rôle dans les paroisses. En 1791, ils n'étaient plus que onze. La rue « Le Sergeant » haute, appelée aussi rue de « la Commune », a été percée en 1792 à travers leur ancien couvent.

Nous signalerons également à la fin du xvie siècle, lors de la fondation du Collège des Jésuites et du Séminaire diocésain, la fermeture du Collège dit des « Bons enfants » dirigé pendant longtemps par des Chanoines puis par les Pères Chartreux du Val de Sainte-Aldegonde de Longuenesse. Ce Collège occupait l'emplacement de l' « Hôpital général » actuel rue Saint-Sépulcre ; il servit ensuite de simple refuge aux Chartreux de Longuenesse jusqu'au moment de la création de ce dernier hôpital par Mgr de Valbelle.

Les maisons hospitalières de Sainte-Anne et des Apôtres.

Un autre bienfait de la charité paroissiale au seizième siècle, fut, en 1599, la fondation par *Anne de Noyelles*, de l' « *Hospice Sainte-Anne* », qui se trouvait derrière la prison actuelle et près de l'ancien cimetière. Cet hospice, soutenu par des rentes diverses, entretint de trois à seize pensionnaires, veuves ou filles âgées ; il a été transféré au numéro 39 de la rue basse du Saint-Sépulcre depuis l'agrandissement de la Prison en 1835. Cette maison dépend désormais de l'Administration civile des Hospices. Au commencement du xviie siècle, *Antoine de Grenet, seigneur de Werp,* fonda de son côté une maison dite « *des Apôtres* », destinée à recevoir *douze vieillards,* bourgeois audomarois âgés de 60 ans au moins. D'abord sous la direction des Pères Domini-cains ses voisins, puis sous celle d'administrateurs civils, la maison hospitalière des Apôtres disparut à la Révolution.

CHAPITRE IV

Le Catéchisme de la « *Halle municipale* ». — Les « *Sodalités* ». — Installation des Franciscaines « Pénitentes ». — La célèbre Confrérie de Notre-Dame du Pilier. — Bas-relief du XVIIᵉ siècle. — Arrivée des Religieux Carmes sur la Paroisse en 1625. — Le Refuge des Dames dites « Blendecques ». — Le « livre d'or » des Fondations paroissiales. — Grande ferveur des paroissiens au pied des « Capelettes » des rues et des carrefours. — L'Œuvre de la « Doctrine chrétienne ». — La Confrérie de Notre-Dame du Mont-Serrat. — Culte de Saint Honoré et de Saint Barthélemy. — Les tombes de la Famille Le Sergeant.

La *vie paroissiale* trouva au XVIIᵉ siècle, une nouvelle intensité sous la vigoureuse impulsion que lui donnèrent *les Évêques de Saint-Omer*. Un des événements de l'époque fut *l'organisation des catéchismes* dans les « *Écoles dominicales* », où les Jésuites, les Dominicains et les Cordeliers venaient en aide aux Curés de la ville. Les Pères Jésuites *Jacques* et *Siméon* établirent même en 1602 avec les encouragements du Magistrat *un catéchisme*, chaque dimanche, *dans la Halle municipale*, de une heure à deux heures pour les riches, et de quatre a cinq heures pour les pauvres. Ces cours d'instruction religieuse eurent grand succès, la Municipalité faisait sonner la cloche de la Halle pour leur ouverture, elle déléguait à tour de rôle un échevin pour les présider et elle leur affectait le produit d'une quête faite chaque samedi à domicile par un échevin, pour être distribué aux pauvres, auditeurs assidus du catéchisme. Le *caté-*

Le Catéchisme
de la « *Halle
municipale* ».

chisme en Halle dura jusqu'en 1762, époque ou Mgr de Montlouet trouva les catéchismes paroissiaux suffisants. Les Curés du Saint-Sépulcre et en particulier Antoine Holvighes qui abdiqua sa charge en 1647 pour se retirer avec Jérôme Dufour, Curé de Saint-Martin, à l'Abbaye de Clairmarais, s'appliquèrent de leur côté à développer, en 1646, 1664 et en 1671, l'enseignement du catéchisme surtont dans l'église paroissiale elle-même. Le premier texte imprimé du « catéchisme » diocésain parut sous Mgr Christophe de France, évêque de Saint-Omer (1634-1647).

Les « *Sodalités* ». En 1608, nous voyons *Mgr Blasœus* venir bénir une *statue en argent* de la Très Sainte Vierge, pour la paroisse *Saint-Sépulcre*. C'est ce même Prélat qui établit en 1616 les Confréries de la Très Sainte Vierge, appelées *sodalités*, dans les paroisses de la ville, et qui assigna à l'église du Saint-Sépulcre, le *Jour de la Nativité*, comme fête solennelle annuelle, dite du *Concert spirituel*. Déjà en 1603 il avait mis en usage les neuf coups du « *pardon* » sonnés le matin, à midi et le soir comme la prière de l' « *Angelus* » moderne.

Installation des Franciscaines « Pénitentes ». L'année 1620 vit l'établissement sur la paroisse, de *la Communauté des Pénitentes*, ou Capucines, dans la rue Taviel, du côté de la rue Hendricq, où la chapelle, propriété particulière, existe encore après avoir été pendant quelque temps à l'usage des rares Protestants, la plupart sujets anglais, demeurant à Saint-Omer au XIXe siècle. Le *pignon* qu'on aperçoit en remontant la rue du Soleil porte encore la marque d'une grande croix et des instruments de la Passion. Le couvent des Pénitentes, sous la direction de la *Sœur Taffin*, sa fondatrice, venue de Bourbourg, prit bientôt un grand renom de sainteté et d'austérité. Beaucoup de jeunes filles de noble famille, non seulement du pays, mais aussi de l'étranger, vinrent prendre l'habit dans cette maison et en suivre la règle. Ces religieuses étaient 22 à leur départ pour l'exil en 1792.

En 1622 eut lieu l'installation à l'intérieur de l'église de la *Confrérie de Notre-Dame du Pilier*, dont la chapelle était à l'extérieur dans le cimetière. Cette dévotion qui rappelait celle de la Madone espagnole de Sarragosse si célèbre, fut très suivie jusqu'à la Révolution, et la Fabrique du Saint-Sépulcre posséda jusqu'à la loi de Séparation en 1905 les revenus d'une terre sise à Tatinghem et propriété de cette Confrérie. Sa fête principale se célébrait le dimanche dans l'octave de la Nativité. Plusieurs fois l'an, le Conseil de la Confrérie faisait distribuer des pains aux pauvres qui assistaient au Saint-Sacrifice de la Messe. M. le Chanoine Lœuillet, curé du Saint-Sépulcre de 1857 à 1876, avait repris à sa propre charge ces distributions charitables.

De l'an 1624 date un joli bas-relief en marbre noir et albâtre, représentant la Sainte-Famille en marche, et au repos. Ce joli petit monument funéraire de Charles Gallopin et de Catherine de Cassel son épouse, provient de la Communauté des Dominicaines de Sainte-Marguerite. Il est placé au pilier gauche des orgues.

Nous avons à signaler en 1625, sur la paroisse du Saint-Sépulcre, l'arrivée des *Carmes déchaussés* qui se fixèrent dans le haut de la Tenne-rue (rue de Dunkerque) à droite, à partir de la petite ruelle portant encore actuellement leur nom. Ils eurent pour première protectrice, l'*Infante Isabelle, Gouvernante des Pays-Bas*, l'aménagement de leur couvent ne se fit que très lentement. En 1684, dans leur chapelle terminée, on plaça deux vitraux aux armes de la ville. Leur principale mission était *la prédication*. A la suite de l'installation d'une fontaine dans leur cour intérieure, la Municipalité leur demanda de se charger spécialement des *secours en cas d'incendie*, pour arrêter, comme on disait alors, le « feu de malheur ». Le dévoûment des Religieux Carmes se manifesta en maintes circonstances, et l'un d'eux, *le P. Ange de Jésus*, audomarois et de la famille Hendricq, se fit remarquer au siège de 1638 pour ses hautes capacités militaires, appréciées des généraux dans la défense de la place, et pour ses conseils qui aidèrent beaucoup à la délivrance de la ville.

Les Carmes qui étaient au nombre de 23 en 1790, n'étaient plus que dix en 1792 au moment où ils durent à regret quitter leur pieux asile. Nous parlerons dans l'histoire de la Paroisse Saint-Denis de la *nouvelle Communauté de Carmes* qui, de 1859 à 1881, rendit de précieux services à la ville de Saint-Omer, et nous dirons, plus loin, un mot *des épaves du mobilier* de l'ancienne chapelle du couvent de la rue de Dunkerque, recueillies après la Révolution dans l'église paroissiale du Saint-Sépulcre.

En 1629, les curés de la ville fondèrent entre eux une association sacerdotale dite la « *Charité des Pasteurs* », dans l'intérêt de leur sanctification personnelle et de leurs paroissiens. — Les *chanoines Cornil Theodoricus, Herman Van Lœmel, Louis Descamps* et *Sulpice Bernard* en furent les premiers promoteurs.

Le vandalisme révolutionnaire a fait disparaître presque toutes les inscriptions tombales de l'église du Saint-Sépulcre, nous pouvons cependant citer comme ayant été ensevelis dans l'église onze membres des familles *Liot de Guzelinghem*, *Liot d'Eglegatte* et *Liot de Walle*, dans l'intervalle de 1628 à 1791,

SON ÉMINENCE LE CARDINAL DE LA TOUR D'AUVERGNE
ÉVÊQUE D'ARRAS (1802-1851)

Le 3 janvier 1630, le Magistrat fit établir *une épitaphe* sur cuivre à la mémoire de *Charles de Vincq, sieur du Plouich,* qui avait laissé par testament une rente de quinze cents francs à la paroisse. En 1630 également, nous voyons les Religieuses de l'*Abbaye de Sainte-Colombe de Blendecques,* et appelées pour cela les Dames Blendecques, venir installer un *refuge* à l'endroit aujourd'hui occupé par les *Religieuses de Notre-Dame de Sion,* elles profitèrent de leur séjour forcé à Saint-Omer, à cause des guerres continuelles, pour exercer leur charité dans la paroisse et spécialement auprès des soldats blessés.

Le Refuge des Dames dites « Blendecques ».

M. Josse Carré et *Dame Marguerite Legrand,* son épouse, méritent une mention spéciale au *livre d'or* de la paroisse du Saint-Sépulcre, ils laissèrent, en effet, par testament en 1634, 5 à 6.000 livres de rentes pour placer sept apprentis dans des ateliers et sept étudiants dans les Universités, pour différentes libéralités à faire aux ordres religieux, pour de pieuses fondations et l'œuvre capitale des catéchismes.

Le « livre d'or » des Fondations paroissiales.

Dame Anne Michiels en 1636, bienfaitrice de la chapelle de Saint-Barthélemy patron des tanneurs, y fonda un obit pour *Jean Pomart,* son mari, échevin des dix jurés, enterré à Saint-Bertin, en souvenir duquel elle fit installer sur la muraille de la chapelle de la Sainte-Vierge un tableau représentant la Vierge Mère, sainte Barbe et saint Jean.

En 1669, *Mademoiselle Antoinette de Renty,* paroissienne du Saint-Sépulcre, laissa aussi des legs pour toutes les bonnes œuvres et les communautés paroissiales.

C'est en 1642 que furent établies à Saint-Omer les sept *Stations de Carême* dont une se célébrait à Saint-Sépulcre,

En 1647, la grosse cloche fut fêlée en sonnant l'alarme, elle fut refondue à Anvers en 1653 par François Fiefvet. Son parrain fut Messire *Jacques de Walhe*, chevalier, seigneur d'Arcquingoult, Escardes et Prémesart, et sa marraine Dame *Marie de Grenet*, Dame de Serques, qui lui imposèrent les noms de « Marie-Jacqueline ». Cette cloche donne le *ré*, elle a un son fondamental très pur, et reste toujours la plus forte des cloches de la sonnerie qui occupe le beffroi de la tour au début du xxe siècle.

Comme dans la plupart des villes de Flandre, l'usage existait à Saint-Omer de rendre un hommage particulier aux saints et surtout à la Très Sainte-Vierge en entaillant dans les façades ou aux angles des maisons *des niches artistiques* au pied desquelles les paroissiens du Saint-Sépulcre venaient apporter des fleurs ou entretenaient un luminaire en l'honneur des saints dont elles supportaient l'image vénérée. Les maisons n'avaient pas alors de numéros et c'était *l'enseigne la plus apparente* qui donnait souvent son nom à la rue. De nos jours, il reste seulement quelques rares spécimens de ces petits monuments, témoins précieux de la piété de nos pères, et les noms de saints maintenus encore au xxe siècle comme enseignes des cabarets, les maisons populaires par excellence, indiquent la place importante que la piété chrétienne occupait jadis dans le cœur du peuple audomarois. Bien souvent le *chant des litanies* retentissait au pied des statues érigées au coin des carrefours et *Mgr Paul Boudot*, évêque de Saint-Omer, accorda en 1625 des indulgences aux fidèles qui exécutaient ce chant. Nous voyons en 1651 *Mgr Christophe de France*, laisser par testament cinq cents florins pour l'entretien du luminaire devant sept statues de Notre-Dame de Pitié qui se trouvaient disséminées à travers la ville,

Au cours des épidémies, les Catéchistes de la Halle municipale, entraînaient à leur suite des centaines de personnes de tout âge et de toute condition et leur faisaient accomplir de nombreux pèlerinages aux *« capelettes »* des rues de la cité. *Les étudiants de l'ancien collège de Saint-Bertin* (aujourd'hui l'hôpital Saint-Louis), étaient spécialement chargés de l'ornementation des chapelles de la Sainte-Vierge. Une statue de *Notre-Dame du Bon-Mariage* occupait, avant la Révolution, l'angle de cette rue sur la paroisse, et les jeunes filles de la ville entière venaient volontiers confier leurs projets d'avenir à la Vierge du bon conseil, dont le secours leur était particulièrement utile en cette décisive circonstance.

Les villes de Poperinghe, Ypres, Bruges et Courtray, possèdent encore quantité de ces pieuses capelettes entourées d'un culte très suivi.

Un décret de 1670 décida qu'il n'y aurait plus d'enterrement le dimanche, sage mesure qui vient d'être renouvelée en 1908, afin de laisser au « Jour du Seigneur » le vrai caractère de joie qu'il comporte, et de favoriser complètement le repos hebdomadaire nécessaire aux employés.

Une intéressante fondation eut lieu en 1676, grâce au zèle du curé du Saint-Sépulcre *M. Cadart*, et prit le nom d'*Œuvre de la Doctrine chrétienne*. Cette œuvre avait pour but principal l'enseignement religieux de la classe ouvrière, et les rentes considérables dont elle fut successivement dotée lui permit d'aider également les pauvres dans leurs nécessités matérielles. Mgr Joseph de Valbelle approuva cette confrérie en 1733 et l'enrichit d'indulgences. Nos dévouées catéchistes volontaires du xxe siècle ne font qu'en continuer les charitables traditions.

La Confrérie
de
Notre-Dame
du Mont-Serrat.

Nous devons à l'occupation espagnole l'institution en 1685, sur la paroisse, et à l'instigation des Confrères de Saint-Jacques, de la *Confrérie de Notre-Dame du Mont-Serrat*, destinée à resserrer les liens de la charité entre les paroissiens, sous la protection maternelle de la Très Sainte-Vierge. La fête principale avait lieu le jour de la Visitation. La prière en commun en famille était spécialement recommandée aux confrères, ainsi que les prières des litanies, du « Salve » et du « De Profundis ».

Le *Mont-Serrat*, en Espagne, province de Barcelone, est ainsi nommé parce qu'il est dentelé comme une scie (serra). Il est célèbre par son ancienne abbaye, ses quatorze ermitages et son pèlerinage très fréquenté. Un certain nombre d'habitants de Saint-Omer et d'Aire-sur-la-Lys, où se trouvait aussi une confrérie de ce genre, s'y rendirent en pèlerinage.

L'année 1687, le dimanche de quasimodo, il y eut une grande solennité à Saint-Sépulcre, pour le *troisième anniversaire séculaire de la consécration de l'église,* par *Jean Tabary*, évêque de Thérouanne, dont on venait de retrouver l'acte authentique. Il y eut une octave de messes chantées, un triduum de prédications et trois processions sur le territoire de la paroisse.

Culte
de
Saint Honoré
et de
Saint Barthélemy.

M. Cadart, curé du Saint-Sépulcre, ayant obtenu du curé de Crecques *deux reliques de saint Honoré,* patron des boulangers, fit confectionner deux reliquaires qu'il exposa solennellement le 13 mai 1696 dans le chœur de l'église. Une ancienne médaille de la corporation des boulangers nous représente ce saint, qui était évêque d'Amiens, tenant dans sa main une crosse et dans l'autre une pelle pour le four avec deux petits pains ronds.

La *Confrérie des Tanneurs* qui avait pour patron *saint*

Barthélemy, apôtre et martyr écorché vif, possédait aussi ses médailles ; l'une d'elle, de 1715, encore au Musée de Saint-Omer comme la précédente, porte au revers le nom d'un de ses grands maîtres (de Guernonval). Ces derniers étaient ordinairement choisis par le Magistrat.

En 1690, fut inhumé dans l'église paroissiale *M. Nicolas Le Sergeant*, écuyer et conseiller du roi au Bailliage de Saint-Omer, décédé à l'âge de 43 ans. Sa pierre tombale regravée se trouve au pilier qui marque le carré du transept droit, elle porte au bas le nom de son épouse, *Dame Marie Michiels, Dame du Plouich*, morte en 1718. Sur ce même pilier, *une stèle* en *marbre noir*, surmontée d'un vase voilé et d'une torche, armoriée d'azur à trois gerbes d'or, redit les titres et l'éloge de M. Louis Le Sergeant d'Isbergue, ancien capitaine de cavalerie, ancien député, et maire de la ville de Saint-Omer, décédé en 1804. Sur le côté de ce monument qui regarde l'autel se trouve transcrite une fondation faite par *Dame Rose Taffin*, épouse de M. Le Sergeant, en mémoire du défunt. Cette stèle a été restaurée et modifiée en 1861.

Une pierre tombale rappelant le souvenir des membres de la famille Verdevoye enterrés au xviiie siècle dans la paroisse Sainte-Marguerite, se trouve présentement dans le dallage de l'église du Saint-Sépulcre dans le coin, à droite, en entrant par le petit portail sud.

CHAPITRE V

Grande mission pour les soldats en 1700.

Le XVIIIe siècle s'ouvrit par *une grande mission* prêchée à Saint-Sépulcre pour les soldats de la garnison, par le Père Jésuite de Cuninghem. Ce fut Benoît de Béthune, 77e abbé de Saint-Bertin, qui la présida. Le régiment lyonnais fit élever à ses frais, à cette occasion, un grand calvaire avec les statues de la Mère de Douleurs et de saint Jean, près du grand portail.

Ce *calvaire* disparut en 1793, mais la piété des *Demoiselles Feutrel* en édifia un autre au XIXe siècle qui fut placé au chevet de l'église. Il y est resté depuis, même au milieu de la tourmente de 1830. Des dons particuliers ont aidé à son entretien et il a été renouvelé en fer dans ces dernières années.

L'année 1702 vit la *fondation de l'Hôpital général*, dans la rue du Saint-Sépulcre, par *Mgr Louis-Alphonse de Valbelle*. Cette maison richement dotée par ce prélat, fut également l'œuvre privilégiée de ses deux successeurs et parents NN. SS. François et Joseph de Valbelle qui occupèrent, après lui, le siège de l'Evêché de Saint-Omer jusqu'en 1754.

Le but des fondateurs était de recueillir les enfants pauvres laissés sans instruction et par négligence de leurs parents dans l'impossibilité d'apprendre un métier et de diminuer ainsi le nombre des mendiants. Nouveau saint Vincent de Paul, *Mgr Louis de Valbelle* intéressa à sa cause la Municipalité et il acheta aux Chartreux le vaste terrain en face de l'église du Saint-Sépulcre, qui avait servi autrefois, nous l'avons dit plus haut, au *Collège des Bons Enfants.* Les dons, les legs testamentaires, et les fondations de bourses ne tardèrent pas à affluer grâce au zèle de NN. SS. de Valbelle qui auraient voulu transformer cette maison en un hôpital général, remplaçant toutes les autres maisons d'assistance de la ville. Ce projet ne put aboutir et le nom d'*hôpital général* est resté à l'Œuvre bien qu'elle n'ait jamais abrité de malades proprement dits. La pose de la première pierre du bâtiment sur la rue ne fut faite par Mgr de Conzié qu'en 1767.

On apprenait aux enfants des deux sexes *un métier* pour les mettre à même de gagner leur vie à la sortie de l'hospice. Pour cela, les Administrateurs avaient organisé des ateliers dans la maison, c'est ainsi que les garçons fabriquaient des filets de pêche et des pipes, pendant que les filles s'occupaient à des travaux de couture, de broderie et faisaient de la dentelle. Deux intéressants tableaux du xviiie siècle, encore aujourd'hui dans le parloir de l'établissement de Valbelle, représentent ces deux ateliers en pleine activité.

En un mot, tout marchait à merveille dans la maison, sous la direction d'un prêtre, l'abbé Laurette, à la fois

Création
de
« l'Hôpital Général »
par
NN. SS. les Evêques
de Valbelle.

Organisation
d'ateliers
pour
les jeunes ouvriers
et
les jeunes ouvrières.

receveur, et de pieuses maîtresses entièrement dévouées aux enfants, quand la Révolution vint arrêter tout le bien pendant plusieurs années jusqu'au moment où l'Administration civile des Hospices fut chargée de rétablir la première prospérité.

Nous reviendrons à la fin de ce volume sur les destinées de l'hôpital général au xixe siècle, depuis qu'il est confié aux Sœurs de Charité, les vaillantes Filles de saint Vincent de Paul.

Voici l'explication du *distique latin* qui se trouve inscrit au fronton de la grande porte d'entrée pour rappeler la mémoire de NN. SS. de Valbelle.

Générosité princière des illustres fondateurs. Le *premier* a fondé l'Œuvre, le *second* l'a largement dotée, le *troisième* construisit l'établissement, et maintenant la même tombe les réunit tous trois. — (Cette tombe se trouve dans la chapelle absidale de l'ancienne cathédrale, la basilique Notre-Dame.)

Parmi les curés qui se succédèrent à Saint-Sépulcre de 1670 à 1791 dont les noms suivent, MM. Cadart, Grardel, Lejosne, Hermel, Picart et Pruvost, MM. Cadart et Grardel, méritent une mention toute spéciale pour leur long et laborieux ministère et pour leur générosité par les testaments qu'ils rédigèrent au profit des œuvres paroissiales.

Fondations faites par MM. les Curés Cadart et Grardel. C'est en particulier à *M. Grardel* qu'on doit la fondation, en 1746, d'une *école gratuite* à l'Hôpital général pour les filles externes de la paroisse ; et en 1753 d'une *seconde école de filles*, également gratuite, et plus tard annexée en 1781 à l'Hôpital général par le Conseil d'Artois.

En 1714, le Magistrat fit fondre *une cloche pour le beffroi* du Saint-Sépulcre, et de nouvelles orgues furent installées pour 10.000 livres. En 1715, on crée un *second vicaire* titulaire.

Dès 1724, nous voyons *Mgr François de Valbelle* songer à établir une maison du « *Bon Pasteur* » pour la correction des jeunes filles indisciplinées, mais le projet ne fut adopté qu'en 1738. Cette maison de pénitence, parfaitement dirigée par une Supérieure et quatre Sœurs assistantes, dura jusqu'en 1792 et fut transformée en prison en 1793. Elle occupait l'endroit de la prison actuelle, rue Taviel, près du cimetière du Saint-Sépulcre.

C'est dans ce même cimetière que fut établie en 1728 la fontaine en face de l'Hôpital général et qu'une partie du terrain, à l'autre extrémité, fut aménagé pour *l'installation de l'Ecole des Frères des Ecoles chrétiennes*, arrivés depuis peu à Saint-Omer.

Saint Jean-Baptiste de la Salle, chanoine de Reims et leur fondateur, était venu à Saint-Omer en 1719 et il avait célébré la sainte messe à l'autel de Saint-Erkembode, aujourd'hui autel de Saint-Antoine de Padoue, à la Basilique Notre-Dame, mais ce ne fut qu'en 1720 *que ses vaillants disciples*, protégés par Mgr de Valbelle et la Municipalité, établirent leurs deux premières écoles à côté de la paroisse Sainte-Marguerite, et dans le local du Chapitre de la Cathédrale, sous la salle de la bibliothèque des chanoines, située dans le cloître, aujourd'hui démoli, et construit à côté du Palais de Justice, face au transept nord.

L'affluence des élèves obligea bientôt l'Autorité municipale à construire une *troisième école* pour la paroisse du Saint-Sépulcre en 1724. C'est là que jusqu'au 17 septembre 1792, les Frères se dévouèrent sans compter, à l'instruction des jeunes garçons de la paroisse. Ayant refusé de prêter le serment schismatique, ils durent à regret quitter leur apostolique fonction jusqu'en 1801, époque où ils furent, solennellement et à

Etablissement
de la
Maison
du « Bon Pasteur ».

L'école paroissiale
des Frères
des
Ecoles chrétiennes
en 1724.

la plus grande joie de tous, réintégrés dans leur charge.

Pendant la Révolution, l'école du Saint-Sépulcre fut désignée sous le nom ridicule d'école des « Sans-culottes Montagnards » et prit pour patron le farouche et sanguinaire révolutionnaire Marat. On devine quels principes d'éducation la jeunesse dût y recevoir.

Les Confréries du Très Saint-Sacrement et de Jésus Flagellé. — C'est en 1740 que *Mgr Joseph de Valbelle* établit en vertu d'une bulle du Pape Clément XII la *Confrérie du Très Saint-Sacrement*, dite aussi du *Saint-Viatique* ou des *Porte-dais*, destinée à rendre à Notre-Seigneur Jésus-Christ les hommages qui lui sont si légitimement dûs dans son sacrement d'amour. La même année vit aussi *l'établissement de la Confrérie de Jésus-Flagellé*, instituée dans un but éminemment réparateur. Nous reparlerons de ces deux Associations au xxᵉ siècle.

En 1753, eut lieu l'inhumation de *François Deschodt*, conseiller au Bailliage, dans la chapelle de Sainte-Anne.

Un placard de 1763 nous montre que la Confrérie du Très Saint-Sacrement prenait soin d'envoyer à chaque fête un programme très détaillé à l'usage des Confrères et Consœurs, et en 1775 la mère du Curé du Saint-Sépulcre, *M. l'abbé Picard*, laissa par testament une fondation pour l'entretien de la lampe du sanctuaire, pendant que d'autres paroissiens fournissaient les pains d'autel et le vin nécessaires au Saint-Sacrifice de la Messe.

En 1770, le Clergé du Saint-Sépulcre, plein de sollicitude pour la sanctification de ses paroissiens, fit éditer chez *Boubert*, imprimeur à Saint-Omer, un livre d'environ mille pages renfermant les « *offices propres de fondation ou d'usage de l'église paroissiale du Saint-Sépulcre* » tant pour la partie du matin que pour celle du soir.

Excellente initiative à imiter encore au xxᵉ siècle selon les besoins de l'époque.

Une requête soumise en 1779 au tribunal de Mgr de Bruyères-Chalabre au sujet d'une contestation qui s'était élevée entre les paroisses de Saint-Denis et celle du Saint-Sépulcre, pour savoir à quel territoire appartenait une nouvelle maison construite au milieu de la rue actuelle du Plomb, nous indique encore une fois la vaste étendue de cette dernière paroisse.

A la veille de la Révolution.

Au moment où la tourmente révolutionnaire vint momentanément bouleverser les organisations paroissiales de la ville, le Clergé de la paroisse du Saint-Sépulcre se composait d'un curé, de trois vicaires, nommés aussi vice-curés, de trois chantres ecclésiastiques et d'un sacristain prêtre.

L'harmonieux carillon d'antan.

La sonnerie du beffroi comprenait alors cinq cloches de diverses grandeurs, la première « *Marie-Jacqueline* », fondue à Anvers en 1653, la seconde refondue plus tard en 1843, la troisième datait de 1572 et portait cette mention (Je fus faite pour la porte de Saint-Omer), la quatrième avait été donnée par la Municipalité en 1714, enfin la plus petite la cinquième portait la légende « Marie est mon nom. A Dieu soit plaisant mon son ».

Nous ne possédons plus au xxᵉ siècle que les deux premières cloches et la dernière, en attendant que la générosité des paroissiens complète à nouveau l'harmonieux carillon d'antan.

Il faut remarquer qu'en 1793 si les Jacobins enlevèrent deux cloches à la tour du Saint-Sépulcre, ils lui donnèrent cependant l'horloge de l'église paroissiale de Sainte-Aldegonde qu'ils venaient de livrer à la pioche sacrilège des démolisseurs. Malheureusement les deux cadrans de cette horloge devaient marquer pendant plusieurs années des heures bien douloureuses pour la paroisse du Saint-Sépulcre.

Nous allons dans les chapitres suivants retracer l'émouvant récit des événements de cette période, qu'on essaie en vain de réhabiliter de nos jours, car la postérité l'a marquée pour toujours du signe réprobateur d'une légitime malédiction.

CHAPITRE VI

Organisation du culte constitutionnel par l'évêque intrus Porion. —
Les paroissiens restent fidèles à leur ancien Clergé. — Triste odyssée
du renégat Porion. — L'église du Saint-Sépulcre devient le « Temple
de la Raison ». — Profanations et extravagances ridicules. — Le culte
de la « Nature » n'a pas plus de succès. — Celui de l'« Être suprême »
a le même sort. — Dévoûment du Clergé paroissial pendant la
« Terreur ». — Le culte catholique continué quand même. — Générosité des Paroissiens. — Le Culte provisoire schismatique. — L'Evêque
intrus Asselin transforme l'église du Saint-Sépulcre en cathédrale.

Comme tous leurs Confrères des paroisses de la ville,
M. l'abbé *Pruvost*, curé du Saint-Sépulcre, MM. les abbés
Costenoble et *Huguet*, ses vicaires, et MM. *Degrave* et
Dehems, prêtres habitués de la paroisse, refusèrent vaillamment de prêter le *serment schismatique* que la Municipalité audomaroise voulut, au nom du Gouvernement
révolutionnaire, exiger d'eux, le 23 janvier 1791 dans
une réunion solennelle à l'église de Sainte-Aldegonde.
En conséquence, on les obligea à quitter leurs fonctions,
et on désigna à leur place deux Pères Carmes. Le
26 mars 1791, l'*abbé Porion*, ancien curé de Saint-Nicolas-
sur-les-Fossés à Arras, évêque intrus et constitutionnel
et sacré par Talleyrand à Paris, ayant été envoyé en
résidence à Saint-Omer comme évêque du Pas-de-Calais,
nomma d'abord curé du Saint-Sépulcre l'*abbé Ghis*, curé
de Saint-Hilaire-Cottes, près Norrent-Fontes, mais ce
dernier ayant refusé, son choix se porta sur l'*abbé*

Asselin, ancien curé de la Faloise (Somme), qui resta en fonctions comme curé du Saint-Sépulcre jusqu'en 1793, et reprit sa charge en 1797, époque à laquelle il fut lui-même promu sur place évêque constitutionnel du Pas-de-Calais. Ses vicaires furent les abbés jureurs Rasoir, Desseille et Louis.

Les paroissiens restent fidèles à leur ancien Clergé. Dans cette pénible circonstance, la lettre écrite de Milan, en Italie, où il s'était réfugié, par le véritable évêque de Saint-Omer, *Mgr de Bruyères-Chalabre*, où ce saint prélat dénonçait l'élection de Porion comme irrégulière, scandaleuse et sacrilège, traça le devoir des paroissiens du Saint-Sépulcre.

Le départ des pasteurs légitimes fut le signal de la *désertion des offices religieux* et malgré les menaces et les moyens légaux qu'ils essayèrent d'employer tour à tour, les prêtres intrus en furent pour leur peine. Les parents cessèrent de leur amener les enfants pour le baptême, et les mourants refusèrent de recevoir les sacrements des mains du clergé schismatique et demandèrent à ne plus être enterrés par lui, même gratuitement. Méprisé des fidèles, le clergé paroissial constitutionnel ne devait pas tarder à disparaître, lui aussi, sous la poussée révolutionnaire.

Après la fermeture des chapelles de communautés d'hommes et de femmes, en 1791, *on réduisit le nombre des paroisses* à quatre, ne laissant subsister que la Cathédrale et Saint-Bertin, devenus églises paroissiales, Saint-Denis et Saint-Sépulcre, pendant que les églises de Sainte-Aldegonde, de Sainte-Marguerite, de Saint-Jean et de Saint-Martin tombaient sous la pioche barbare et sacrilège des démolisseurs.

En 1793, *l'évêque renégat Porion*, eut le malheur de livrer publiquement ses lettres de prêtrise et de renoncer à son sacerdoce en contractant un coupable mariage et en devenant fournisseur des armées républicaines• Cette apostasie du Chef des Jureurs entraîna la défection d'un grand nombre de prêtres constitutionnels et les églises furent définitivement fermées au culte. Nous voyons Porion reparaître dans les fêtes civiles, dites décadaires, qui eurent lieu en 1797 et 1798 à la Cathédrale et à Saint-Denis, églises devenues tour à tour *temple de la loi*. Ce triste personnage alla ensuite cacher sa honte à Paris où il vécut encore jusqu'en 1830. Espérons que Dieu lui a accordé la grâce d'un repentir sincère et expiateur.

C'est à la fin de l'année 1793, que l'église du Saint-Sépulcre, dépouillée de tous ses ornements, de ses boiseries et même de son pavé, se rouvrit de nouveau pour devenir le *Temple de la Raison*. Deux décrets successifs du District avaient ordonné de mettre à l'encan, au profit de la Nation, les derniers objets précieux servant au culte paroissial et à l'usage des Confréries du Saint-Viatique et de Jésus-Flagellé, parmi lesquels nous citerons spécialement un Christ et une statue en argent de la Vierge Mère.

Cette nouvelle affectation de l'antique église paroissiale la préserva sans doute de la destruction, mais elle lui valut d'être bientôt le théâtre des plus lamentables profanations. On peut dire, en effet, avec un auteur contemporain, que l'on n'a jamais tant déraisonné que dans ce temple de la Raison. *Une estrade en charpente* recouverte en toile peinte et remplaçant l'autel, figurait une immense montagne (symbole du parti, dit, *de la Montagne*) au sommet de laquelle trônait sous un dôme soit la déesse Raison personnifiée, soit la trop fameuse statue de la déesse de la liberté. *Cette statue* qui repré-

Triste odyssée
du renégat
Porion.

L'église
du Saint-Sépulcre
devient
le « Temple de la
Raison ».

sentait la Religion catholique, avait été enlevée par les Jacobins au superbe cénotaphe en marbre, d'Eustache de Croy, encore visible de nos jours à la Basilique Notre-Dame, dans la cinquième arcade droite de la grande nef, sa couronne fut transformée en un bonnet phrygien et le calice qu'elle tenait à la main en une lance.

La déesse de la liberté figura sur la Grand'Place de Saint-Omer jusqu'au 18 brumaire (novembre 1799), non sans avoir subi, comme l'arbre de la liberté planté sur cette même place, les plus extraordinaires vicissitudes que lui ménageait le mépris du bon sens public.

Au milieu de la nef, à la place de la chaire, se dressait une *galerie destinée aux orateurs,* parleurs, chanteurs et où se débitaient toutes les nouvelles capables d'amuser et de pervertir le peuple. C'est aussi du haut de cette indigne tribune que l'on proclamait les noms des citoyens ou citoyennes qu'au nom de la fraternité on destinait au fer homicide ou à la déportation. On avait également orné les murailles du temple de quatre-vingt-dix drapeaux tricolores, en l'honneur des quatre-vingt-dix départements français ; et sur la façade du grand portail on lisait l'insolente inscription « *Temple de la Raison* ». L'enclos qui entourait l'église et avait servi jusqu'alors de cimetière prit le nom de « *Place des vivants* », et la rue du Saint-Sépulcre fut appelée la rue « *de la Bienfaisance* », à cause de l'hôpital général qui s'y trouve encore. L'inauguration solennelle du temple fut l'occasion d'un *auto-da-fé* resté célèbre et qui consuma sur un bûcher, en face du grand portail, après une cavalcade grotesque dans l'enclos, un char, dit, le char du triomphe de la Raison, sur lequel l'impiété des organisateurs avait réalisé avec des statues religieuses

provenant des églises, une ignoble parodie des cérémonies les plus saintes.

Cependant le peuple audomarois ne tarda pas à voir
qu'on se jouait de lui. Les jours de décade et fêtes extraordinaires on lui lisait les gazettes dont il s'occupait
peu, et les lois les plus modernes dont il ne se souciait
pas davantage, on lui déclamait des vers, de la prose
qu'il n'entendait pas. Bref, le temple devint désert. Les
démagogues effarés et les nouveaux pontifes de l'athéisme
organisèrent alors des concerts, des comédies, des bals
où l'on contraignait d'assister jusqu'aux vieillards des
hospices. De là un brouhaha indescriptible qui faisait
ressembler le temple à un *antre de la Folie* plutôt qu'au
sanctuaire de la sage Raison.

Peu de temps après, la déesse Raison était remplacée
par la « Nature » elle-même et les théories de *Jean-
Jacques Rousseau* son coryphée, servirent de thème aux
orateurs qui n'eurent pas plus de succès auprès de leurs
auditeurs. La mise en scène ne manquait cependant pas.
En effet, pour mieux se rapprocher du culte de la nature, on fit peindre les piliers en tronc d'arbres dont les
branches et les feuillages s'étendaient depuis les chapiteaux jusqu'aux voûtes. Le tout était complété par des
scènes de licence éhontée et d'orgies toutes païennes,
qui faisaient songer à une caverne d'animaux sauvages
au milieu d'une sombre forêt.

Le 20 prairial de l'an II (juin 1794) *Robespierre*, faisant
enfin à Dieu l'honneur de le compter pour quelque
chose, on célébra à Saint-Omer, comme à Paris, la *fête
de l'Être suprême*. L'église du Saint-Sépulcre subit ainsi
une troisième transformation, et devenue le temple de
la nouvelle religion théophilanthropique, elle vit inscrire
à son frontispice ces mots qui présageaient déjà un re-

Le culte
de la « Nature »
n'a pas
plus de succès.

Celui
de l'« Être suprême »
a le même sort.

tour vers des jours meilleurs : « Le peuple français reconnaît l'existence de l'être suprême et de l'immortalité de l'âme ». Mais *la théophilanthropie* n'eut pas la vie plus longue que Dame Raison et Dame Nature, ses réunions ne tardèrent pas à être interdites et l'église ne fut plus employée qu'aux réunions des « Sociétés populaires » où la politique continua sans doute à battre son plein, mais en bannissant au moins l'intolérable licence du régime qui prenait fin, à la plus grande satisfaction des audomarois.

Le bonnet rouge, dit phrygien, ayant été adopté comme le symbole de la liberté, on le plaça sur le sommet des arbres de la liberté plantés en ville, et il resta fixé à la place du coq du clocher de l'église du Saint-Sépulcre jusqu'à ce qu'un ouragan le renversa dans la rue où en tombant il faillit tuer un passant.

Dévoûment du Clergé paroissial pendant la « Terreur ».

Malgré la surveillance des terroristes, la Paroisse du Saint-Sépulcre, grâce au dédale de ses rues et à la généreuse fidélité de ses habitants, fut la partie de la ville qui servit davantage au culte catholique obligé de se cacher comme le Christianisme naissant, à l'époque des catacombes. *M. l'abbé Pruvost* et ses vicaires restèrent d'abord quelque temps au milieu de leurs paroissiens et après leur départ pour l'exil ils furent remplacés par un certain nombre de prêtres fidèles demeurés cachés dans la ville ou qui y revenaient de temps en temps, même au péril de leur vie, pour l'administration des sacrements. Tous ces prêtres séculiers ou religieux, avaient soin de remettre aux familles des certificats témoignant qu'ils exerçaient leur saint ministère en communion avec la sainte Eglise Catholique, Apostolique et Romaine et qu'ils tenaient légitimement leurs pouvoirs, très étendus en raison des circonstances, de

Mgr de Bruyères-Chalabre, l'évêque légitime toujours en exil, à Milan d'abord puis à Barcelone, ou des vicaires généraux, *M. d'Aumale*, ancien doyen du Chapitre, et *M. le chanoine Rollet*, désignés par lui.

Trois lettres conservées dans les archives paroissiales sont signées de MM. *Sockeel*, curé de Sainte-Marguerite, *Vandorne*, curé de Morbecque, et *Dodin*, curé de Robecq, les trois nouveaux vicaires généraux, élus par Rome à la mort de *Mgr de Bruyères-Chalabre* le 22 novembre 1796, et sur la demande du Métropolitain de Cambrai. Ces lettres confirmaient les nombreux pouvoirs des prêtres fidèles et leur traçaient la ligne de conduite à suivre à l'égard des prêtres intrus et assermentés désireux de se réconcilier avec l'Eglise, leur Mère, qu'ils avaient lâchement abandonnée pendant la tourmente révolutionnaire. Elles réclamaient également des prières pour l'évêque défunt et l'offrande du Saint-Sacrifice de la messe pour la fin du schisme de France, interdisant toute solennité avant que le Gouvernement Républicain ne fût venu à résipiscence en reconnaissant officiellement le Culte Catholique et ses traditions séculaires.

Le culte catholique continué quand même.

Nous aimons à citer ici les maisons de la paroisse où le Saint-Sacrifice de la messe fut le plus souvent célébré pendant les jours néfastes de la persécution. Celle des d^lles *Feutrelle* qui fondèrent plus tard le pensionnat repris par les Religieuses de la Sainte-Famille. Celle des d^lles *Bailly* qui réservèrent l'hospitalité à *M. l'abbé Huguet*, vicaire, qui poussait le dévoûment jusqu'à se faire transporter auprès des malades et des mourants, caché dans une grande manne au linge, afin de leur apporter au moment suprême les sublimes et réconfortantes consolations de la Religion. Celles de *Mme Reusman* et de *M. Zilof*, rue de Dunkerque. *M. l'abbé Aclocq*, plus

Générosité des Paroissiens.

tard vicaire de Saint-Denis, célébrait les saints mystères chez ses parents, place du Haut-Pont, et *M. l'abbé De-nissel*, qui fut ensuite vicaire-général d'Arras, dans une maison de la rue de l'Arbalète; enfin le *Père Caron*, ancien religieux de Clairmarais, disait la messe chez *M. Boudry*, son parent, quai des Salines.

Le Culte provisoire schismatique.

C'est à *M. Asselin*, curé constitutionnel du Saint-Sépulcre, à *M. Royer*, chanoine, ancien vicaire épiscopal de Porion et à l'abbé Warenghem, curé de Lestrem, que l'on doit en partie la restauration provisoire du culte schismatique et constitutionnel dans le Pas-de-Calais. Groupés à *Lestrem* au nombre d'une douzaine, les prêtres constitutionnels préparèrent des élections populaires dont le résultat fut l'élévation de M. Asselin à l'épiscopat.

L'Evêque intrus Asselin transforme l'église du Saint-Sépulcre en cathédrale.

Le nouvel élu se rendit alors au concile national de Paris et y fut sacré par l'évêque de Rouen le 1er octobre 1794 en présence de trente-cinq autres évêques gallicans. Rentré à Saint-Omer, le nouvel évêque reprit possession de l'*église du Saint-Sépulcre* qui devint ainsi *cathédrale*. Tour à tour nous le voyons donner en 1798 un mandement de carême sur « la Mortification », puis songer à établir une maison d'éducation à Saint-Omer pour tout le diocèse. *La tournée pastorale* qu'il entreprit la même année dans son diocèse, lui prouva que les populations du Pas-de-Calais n'étaient pas plus favorables au schisme que les habitants de la ville de Saint-Omer et les épithètes malsonnantes d' « Evêque à Porion » et d' « Evêque à baudet » sont restées attachées à son souvenir. Sous le prétentieux prétexte d'imiter la simplicité des premiers apôtres, M. Asselin se contentait, en effet, de la pacifique monture qui est encore en grande estime en Orient. Il faut cependant reconnaître que l'évêque curé du Saint-Sépulcre se montra sage administrateur et que les *deux synodes* qu'il convoqua et présida à Saint-Omer en 1799 et en 1800 préparèrent le retour à l'Unité Catholique.

Nous devons aussi à *M. Asselin* la reconnaissance en 1799 de *la châsse de Saint Erkembode* et de ses précieuses reliques, dont nous rappellerons plus loin les destinées tout à fait extraordinaires. Enfin quand, en 1802, le *Souverain Pontife Pie VII,* par un Bref adressé à *Mgr Spina,* l'un des négociateurs du Concordat conclu avec Bonaparte, eût invité les Evêques constitutionnels à donner leur démission et à rentrer dans le sein de l'Eglise, M. Asselin s'empressa d'envoyer au Pape sa *démission d'évêque du Pas-de-Calais,* en déclarant filialement qu'il voulait vivre et mourir en fils soumis de l'Eglise catholique, apostolique et romaine et dans la communion du Saint-Siège, centre de la vérité. *Le Concordat* réunit alors en un seul évêché, les trois anciens diocèses d'Arras, Boulogne et Saint-Omer, et l'ancien évêque du Pas-de-Calais, redevint simple curé de la paroisse du Saint-Sépulcre.

CHAPITRE VII

Restauration du culte catholique en 1802. — Démission de M. Asselin. —
Nomination de M. l'abbé Cavrois. — Reconstitution du mobilier de
l'église dévastée. — Le portail intérieur. — La chaire. — La grille
des fonts baptismaux. — Les tableaux provenant de la chapelle des
Carmes. — La mise au tombeau, toile de « Crayer ». — Le célèbre
« Crucifix » de Lebrun. — Les bienfaiteurs de la Paroisse à cette
époque. — Ministère fructueux de MM. les Curés-Doyens Ferdinand
et Bernard Ducrocq et Dumetz. — Repavage général de l'église. —
Baptême de la cloche « Marie ». — L'autel de N.-D. du Mont-Carmel.

**Restauration
du
Culte catholique
en 1802.**

C'est le 27 juin 1802, deux jours avant la promulgation
officielle du Concordat, qu'eut lieu la première cérémonie paroissiale dans l'église du Saint-Sépulcre et ce
fut le *Chanoine Frelaut*, ancien vicaire général du diocèse de Saint-Omer, qui chanta la messe solennelle
d'action de grâces.

Quelques mois plus tard, l'*Abbé François-Hubert Cavrois*, ancien religieux bénédictin, succédait, le 2 février
1803, comme curé du Saint-Sépulcre, à l'*Abbé Asselin*.

**Démission
de
M. Asselin.
Nomination
de
M. l'abbé Cavrois.**

Ce dernier se retira dans sa famille à *Bonnières* (par
Frévent) où il mourut pieusement en 1825 après avoir
fait à sa paroisse natale différentes libéralités réparatrices.

On rapporte une réponse pleine d'à-propos faite un
jour, dans une de ses tournées pastorales, à Bonnières,
par *Mgr de la Tour d'Auvergne*, évêque d'Arras (1802-
1851), à l'évêque constitutionnel démissionnaire. Comme

l'*Abbé Asselin* le complimentait en l'appelant son successeur : « Non ! Non ! dit Sa Grandeur, je suis bien le successeur de Monseigneur Asseline, mais non de Monsieur Asselin ».

(*Mgr Asseline* avait été, en effet, évêque légitime de Boulogne de 1790 à 1801 et un prélat modèle. Son siège fut réuni au siège d'Arras avec celui de Saint-Omer en 1802.)

Au sortir des saturnales révolutionnaires, l'église du Saint-Sépulcre, devenue sous le patronage de la déesse Raison, le théâtre de toutes les folies et de toutes les abominations, ne conservait plus que ses murailles.

L'Abbé Cavrois, de concert avec son Conseil de fabrique, se mit résolument à l'œuvre, et, aidé de ses paroissiens, travailla immédiatement à la reconstitution du mobilier du sanctuaire dévasté.

Reconstitution du mobilier de l'église dévastée.

Le chœur fut d'abord repavé en dalles de marbre.

M. Delaleau, conseiller de Fabrique, fit ensuite cadeau de deux superbes balcons en fer forgé et doré, achetés à Tournai et qui devinrent *la table de communion* actuelle d'un si remarquable modèle.

Un petit orgue provenant de la chapelle du Bon Pasteur (de nos jours la Maison d'arrêt rue Taviel) fut également installé.

Les orgues actuelles l'ont remplacé en 1820 et il se trouve présentement à *Zutkerque*.

En 1806, pendant que l'on étudiait le projet de restauration de la chapelle du Sépulcre autrefois si vénéré, on rachetait la *boiserie de l'ancien portail* intérieur de l'Abbaye de Saint-Bertin pour en faire la porte principale intérieure de l'église. Cette porte est ornée de gracieuses guirlandes de fleurs sculptées et des attributs variés de l'épiscopat à droite et du sacerdoce à gauche.

Le portail intérieur.

Deux confessionnaux aux colonnes torses avec médaillons sculptés, dont l'un représente saint Augustin, et les boiseries qui occupent aujourd'hui les côtés des deux nefs latérales rentrèrent également dans leur vrai milieu. Le tout provient sans doute de l'ornementation de différentes chapelles de Communautés religieuses fermées à la Révolution et de la paroisse de Sainte-Aldegonde.

Enfin, plusieurs paroissiens possédant chez eux des objets, tableaux, bas-reliefs, etc., provenant des églises ou des communautés dont le mobilier avait été vendu à l'encan, la plupart s'empressèrent, à la réouverture des églises, de rendre au Clergé ces objets conservés dans l'espoir de les remettre un jour à leurs légitimes propriétaires.

La chaire.

C'est ainsi que *les panneaux de la chaire* actuelle, dominée par le Christ glorieusement ressuscité, représentant les différentes scènes de la Passion du Sauveur et qui sont d'une très fine exécution, reprirent leur place d'honneur, de même qu'*une grille en bois sculpté*, fermant encore de nos jours la chapelle des fonts baptismaux et provenant de la Chartreuse de Sainte-Aldegonde à Longuenesse.

La grille des fonts baptismaux.

Dans le milieu des sculptures à jour de cette grille on distingue, à droite, un cœur surmonté des trois clous de la Crucifixion et des lettres (IHS), à gauche, un autre cœur sous le chiffre entrelacé de la Sainte Vierge (MA). Au centre et au sommet se trouvaient autrefois les armoiries Cartusiennes (un globe surmonté d'une croix, avec sept étoiles et la devise « *Stat crux dum volvitur orbis* ». « La croix rédemptrice préside, immuable, au mouvement de l'univers ».

Les six grands tableaux qui ornent encore les nefs

latérales au xxᵉ siècle furent obtenus par le Clergé constitutionnel, dès 1795. Ces tableaux proviennent de l'ancien couvent des Carmes qui se trouvait avant la Révolution sur le territoire de la paroisse, à droite, dans le haut de la rue de Dunkerque, où la rue moderne des Carmes rappelle encore son souvenir.

Les deux plus grands qui représentent deux sujets mystiques, la Remise d'un clou de la Passion à sainte Thérèse et la Transverbération de cette dernière, sont dûs au pinceau *de Tahon,* peintre audomarois (1662-1727). *Les quatre autres* également de superbe dimension, reproduisent les scènes de saint Simon Stock recevant le saint scapulaire des mains de la T. S. Vierge, de saint Louis, roi de France, débarquant en Syrie pour visiter le Carmel (ce tableau de très belle facture, était derrière l'autel du Sacré-Cœur, avant l'établissement du vitrail actuel), de sainte Thérèse, théologienne, triomphant des hérétiques, et, enfin, de l'Approbation de la règle des Carmes rédigée en 1209 par Albert de Verceil, patriarche de Jérusalem, et approuvée en 1227 par le Pape Honorius III. Dans ce tableau on lit sur les feuillets d'un livre ouvert devant le Souverain-Pontife, ces mots « La règle primitive de l'ordre de N.-D. du Mont Carmel instituée par le prophète saint Elie ».

Nous citerons ici également *deux autres tableaux* tout à fait remarquables. Le premier, autrefois placé derrière le maître-autel et aujourd'hui dans la chapelle de Saint-Joseph, représente l'Ensevelissement de Jésus-Christ au tombeau. Cette toile est de *Gaspard Crayer,* dont la basilique Notre-Dame possède deux autres œuvres, le « *Denier à César* » et un tableau de la Confrérie de Saint-Job. Ce tableau, primitivement à la cathédrale de Saint-Omer, fut donné à M. Asselin par le Comité du

Les tableaux
provenant
de la
chapelle des Carmes.

La « mise au tombeau » toile
de « Crayer ».

4

District pour orner l'église Saint-Sépulcre devenue temporairement l'église de l'évêque constitutionnel. Au bas de cette peinture se trouve un écu d'or à croix engrêlée de gueules, avec les deux premiers mots d'une devise : « *virescit vulnere.....* »

Le célèbre « Crucifix » de Lebrun.

Le deuxième tableau est de Lebrun, premier peintre de Louis XIV. Le grand Roi le donna à la ville de Saint-Omer en 1677, sur la demande du Magistrat et il fut installé à l'hôtel de ville, dans la « *Salle des Etats* ». C'est devant le Christ en croix, qui en est le sujet, que les Audomarois prêtaient le serment. Placé depuis quelques années dans le bas de l'église dans un jour excellent, le chef-d'œuvre de Lebrun peut être mieux que jamais apprécié des connaisseurs.

Les bienfaiteurs de la Paroisse à cette époque.

Les noms des Demoiselles *Feutrel,* de *M. Déprey-Leblond,* des familles *Pley-Allart* et *Descamps,* de *M*ⁱˡᵉ *Lalloyau* et de *M. Everaert-Serdobbel* méritent tout particulièrement de figurer au « *livre d'or* » des bienfaiteurs de la paroisse au début du xixᵉ siècle.

Quant aux fondations pieuses qui précédaient la Révolution, la plupart des titres ayant été perdus, ou les propriétés qui les garantissaient étant passées sans conditions entre les mains de nouveaux propriétaires, Mgr la Tour d'Auvergne réduisit, à 13 obits annuels, le nombre des services religieux qui existaient autrefois pour le repos de l'âme des anciens bienfaiteurs de l'église.

Ministère fructueux de Messieurs les Curés-Doyens Ferdinand et Bernard Ducrocq et Dumetz.

M. l'abbé Cavrois étant mort le 16 mars 1825, *M. le chanoine Ferdinand Ducrocq,* curé de Saint-Denis, lui succéda comme curé du Saint-Sépulcre et comme doyen du canton nord de Saint-Omer. Rappelé à Dieu en 1832, il fut lui-même remplacé par son frère, *M. le chanoine Bernard Ducrocq,* qui, à ses titres de curé et de doyen, se vit ajouter ceux de grand-doyen et de vicaire général de l'arrondissement de Saint-Omer. Son Eminence le Cardinal la Tour d'Auvergne maintint ces mêmes titres à son successeur en 1835, *M. le chanoine Barnabé Dumetz*, qui conserva le titre de vicaire général jusqu'en 1851 et celui de grand-doyen jusqu'à sa mort en 1857. La charge de grand doyen passa alors entre les mains de M. le chanoine Duriez et elle est restée, depuis, la prérogative des curés-doyens de l'église Notre-Dame ; ceux-ci prirent le nom d'archiprêtres en 1890.

Ces trois prêtres vénérables et surtout *M. le chanoine Dumetz* qui, après avoir été dix ans vicaire de la paroisse Saint-Sépulcre, en fut le digne curé pendant vingt-deux ans, travaillèrent tour à tour à la restauration matérielle de leur église et surtout à la restauration de la religion dans les âmes, si délaissées pendant la période révolutionnaire.

En 1826 on installa *le banc d'œuvre* et *le crucifix* qui le domine,

M. le chanoine Dumetz fit, en 1840, repaver en marbre de Tournai les trois nefs de l'église dont le sol n'était guère formé jusque-là que de pierres sépulcrales mal ajustées et provenant en partie de l'ancien cimetière. Une dalle commémorative restaurée en ces derniers temps, et placée en haut de la nef à l'entrée du chœur, rappelle le nom de *M. Dumetz* au souvenir reconnaissant des fidèles. Ce fut lui qui dota l'antique beffroi de la tour d'une seconde cloche en 1843.

Repavage général
de l'église.

Cette cloche a pour nom (Marie). Ses parrain et marraine furent le *Baron Le Sergeant de Monnecove*, alors président de la Fabrique paroissiale et *Madame Van Wormhoudt* née Hémart. Elle mesure 1ᵐ10 de diamètre et donne comme son fondamental un fa dièze.

Baptême
de la
cloche « Marie »,

De cette époque date également *un autel monumental de style grec,* qui fut élevé dans la chapelle de la Sainte-Vierge pour servir de piédestal à Notre-Dame du Mont Carmel. Cet autel disparut, nous le verrons en 1868, pour faire place à un nouvel autel gothique plus en rapport avec le style de l'église ; il fut racheté par *Madame Herbout de Staplande* et utilisé dans son domicile particulier.

Parmi les nombreuses missions et jubilés célébrés au cours du xixe siècle, celui de 1828 prêché dans toute la ville par les Pères Missionnaires de France a laissé un souvenir ineffaçable dans les âmes, et la paroisse du Saint-Sépulcre, évangélisée par le Père Levasseur et ses confrères, recueillit sa large part de fruits spirituels.

Le Grand Calvaire de l'église Notre-Dame est un souvenir éloquent du grand pardon de 1828.

En 1852, *le Jubilé prêché* à Saint-Sépulcre par le *Père Simonet,* fut clôturé par l'érection d'un chemin de la croix aujourd'hui remplacé par de superbes vitraux.

CHAPITRE VIII

Par décret impérial du premier août 1857 et nomination épiscopale de Mgr Parisis, évêque d'Arras, *M. l'Abbé Joseph Lœuillet*, vicaire de la paroisse Saint-Joseph à Boulogne, fut appelé à succéder à M. le chanoine Dumetz comme curé-doyen du Saint-Sépulcre et installé le vingt-trois du même mois par M. Duriez, grand-doyen de Saint-Omer.

Les soins du nouveau et zélé pasteur se portèrent tout d'abord sur ce qui se rattachait au culte eucharistique et grâce à la générosité de *M*^{lle} *Sophie* Pley qui offrit un ciboire, des canons d'autel, un missel et tous les sièges du chœur, il put renouveler la plupart des ornements et des linges d'autels.

Nomination de M. l'abbé Lœuillet comme curé-doyen.

La fête patronale
est fixée
au deuxième
dimanche
après Pâques.

Au mois d'avril 1857, le Souverain-Pontife Pie IX accordait au Clergé du Saint-Sépulcre la *permission de transférer la fête patronale de l'Eglise*, le deuxième dimanche après Pâques au lieu du dimanche de Quasimodo, et de célébrer l'office déjà spécialement approuvé par Rome pour cette fête en 1742, tel qu'il est encore actuellement en usage.

Le Jubilé de 1858.

L'année 1858, *le Jubilé* accordé par Pie IX à l'univers chrétien, à la suite de sa visite des Etats Pontificaux, fut *prêché* par *les RR. PP. Rédemptoristes* Huchant, de Douai, et Guebels, de Mons, du 28 novembre au 28 décembre.

La ferveur fut grande et l'un des résultats fut l'établissement d'une *Œuvre dite de la Sainte Famille*, ayant pour but de donner chaque semaine une instruction populaire aux hommes et aux jeunes gens.

C'est aussi à l'occasion de ce jubilé qu'une indulgence de 300 jours fut attachée à la récitation de *5 Pater, 5 Ave* et *5 Gloria Patri* devant le Crucifix privilégié du banc d'œuvre et de 7 ans et 7 quarantaines pour la récitation de *7 Ave Maria* en l'honneur des 7 douleurs de la Sainte Vierge. Une indulgence plénière peut se gagner le 12 décembre, anniversaire de l'érection, et les 3 mai et 14 septembre, fêtes de la Sainte Croix.

Cette même année 1858 l'antique *Confrérie de Jésus-Flagellé* vit son privilège des *prières des quarante heures* renouvelé pour sept ans, avec la concession d'une indulgence plénière pour les fidèles suivant pieusement ces exercices fixés aux trois premiers jours de la semaine de la Passion. L'autel de la Confrérie, placé dans la chapelle du transept droit de l'église, obtenait également l'avantage dit de l'*autel privilégié* en faveur des âmes du purgatoire.

La période qui s'étend de 1860 à 1868 fut pour l'église du Saint-Sépulcre *une période de grands travaux* et de transformations matérielles très heureuses que la compétence, le zèle et la générosité personnelle de M. le chanoine Lœuillet surent mener à bonne fin à la plus grande satisfaction des paroissiens qui, par de larges dons particuliers et une souscription générale, aidèrent leur vénéré doyen à en couvrir les frais considérables.

Le premier travail consista d'abord dans le remplacement des plafonds en plein cintre des voûtes des trois nefs de l'église, établis au début du siècle, par des *plafonds de style ogival* plus en rapport avec le style général de l'église. Les murailles furent restaurées ainsi que les colonnes et leurs chapiteaux et des peintures polychromes succédèrent à un indigne badigeon.

En 1861, le Conseil de Fabrique entreprit aussi, à ses frais, la *reconstruction du presbytère*, au n° 3 de l'enclos Saint-Sépulcre. Cet immeuble vient d'être enlevé à l'église par le *séquestre en 1909*.

La restauration la plus importante fut celle *des fenêtres de l'église* successivement garnies de vitraux d'un dessin et d'un coloris superbes qui, malgré les progrès de l'art moderne, continuent à faire de nos jours l'admiration des connaisseurs. Grâce à la générosité d'une fervente paroissienne, Madame Van Wormhoudt, qui donna à elle seule 21.000 francs, on commença par les vitraux du chœur qui retracent dans sept croisées ogivales aux sculptures artistiques les plus variées, *quatorze scènes* se rattachant au souvenir de l'ensevelissement et de la résurrection glorieuse de Notre-Seigneur Jésus-Christ, l'une des bases de notre Foi séculaire. Nous n'hésitons pas à transcrire ici le texte instructif et édifiant qu'on peut lire sur ces vitraux, texte emprunté à la Sainte

Description
et
instructive
explication des sujets
des
vitraux du chœur.

Ecriture, sauf pour la description des deux dernières scènes appartenant à l'histoire des Croisades.

1° Notre-Seigneur au milieu des Juifs et de ses disciples dit « Cette nation corrompue et adultère demande un prodige, il ne lui en sera pas donné d'autre que celui du Prophète Jonas ». On voit en bas le Prophète jeté dans les flots agités par la tempête. — 2° Joseph d'Arimathie, sénateur, demande à Pilate le corps de Jésus pour le mettre dans un sépulcre qu'il a fait tailler dans le roc. — 3° Joseph et Nicodème portent le corps de Jésus dans le sépulcre. Les Saintes Femmes se tiennent assises près du sépulcre. — 4° Les Juifs placent des gardes auprès du tombeau qu'ils scellent. Un Ange renverse la pierre, s'asseoit et dit « Jésus est ressuscité ». — 5° Pierre et Jean courant au sépulcre, ils y voient le linceul par terre. Les Saintes Femmes viennent au sépulcre, elles y trouvent les Anges. — 6° Marie-Madeleine reconnaît Jésus et dit « Mon Maître ». Pèlerinages et miracles au tombeau de Jésus, son sépulcre sera glorieux. — 7° Godefroy de Bouillon se rend nu-pieds au sépulcre, pour remercier Dieu de sa conquête. Geoffroy, gentilhomme de Saint-Omer, fonde « l'ordre du Temple », dans l'église du Saint-Sépulcre à Jérusalem.

Les vitraux sortent des ateliers Lusson, à Paris.

Le soubassement du chœur avec ses ogives trilobées, ogives qui se continuent d'ailleurs de chaque côté jusqu'au transept, mérite une mention spéciale. Dans le chœur il est orné de vingt-sept anges tenant en main les attributs les plus variés, ou des écussons sur lesquels on a peint les armoiries de Pie IX et de Monseigneur Parisis, évêque d'Arras — les textes « *Resurrexit sicut dixit Alleluia !* » et « *Erit sepulcrum ejus gloriosum* » et enfin ces lignes « Hommage de reconnaissance à

M. LE CHANOINE DUMETZ

M. LE CHANOINE LŒUILLET

M. LE CHANOINE
DOUBLET

M. LE CHANOINE BENOIST

M. LE CHANOINE DÉSERT

Mme Van Wormhoudt née Hémart et à sa famille — c'est
à leur munificence qu'on doit tous les vitraux du
chœur. » Le soubassement polychrome a été orné par la
maison Gaymay, de Saint-Omer. La tonalité des vitraux
du chœur au lever du soleil est ravissante et reporte
facilement les âmes à la joyeuse et sublime aurore de
Pâques.

A ce merveilleux fond de décor il fallait *un maître-autel* non moins remarquable, l'inépuisable charité de
M. le chanoine Lœuillet, au service de sa grande piété
et de ses goûts artistiques, donnèrent pleine satisfaction
à l'attente générale. L'autel que l'on voit encore aujourd'hui et dont le soubassement et le rétable en pierre
sculptée reproduisent dans un parfait ensemble, l'ensevelissement du Sauveur accosté de six anges portant les
instruments de la Passion, le miracle des noces de Cana
et celui de la multiplication des pains, fut installé en
1862. Les trois clochetons, les reliquaires très gracieusement fouillés et la porte dorée du tabernacle avec la scène
des disciples d'Emmaüs sont en bois. Ce fût *Monseigneur Parisis* qui le consacra le 29 juillet en le dédiant à
l'honneur de Jésus enseveli, et en y scellant dans sa
table de pierre les reliques des *saints martyrs Victor,
Pie et Félix. Un ostensoir* monumental en vermeil mesurant 1^m05 de hauteur, portant à sa base le Christ ressuscitant, *une lampe du sanctuaire*, en cuivre doré, dons
de *Madame Hamy-Level*, et six chandeliers ciselés payés
par M. le doyen Lœuillet, ne tardèrent pas à compléter
l'ornementation du chœur avec deux autres grands
candélabres offerts en 1864 par *Mlle Sophie Pley*. Cette
dernière, l'année suivante, fit aussi exécuter à ses frais
le portail intérieur en pierre, au bas de la nef du Sacré-Cœur; il fut construit par *M. Escudé*, entrepreneur,

Consécration
du
« Maitre-autel »
par
Mgr Parisis
en 1862.

d'après les dessins de *M. Omer Pley*, son frère, qui puisa dans sa foi son admirable dévoûment à la plupart des œuvres audomaroises. La Municipalité reconnaissante a donné son nom à l'une des rues de la ville en 1899.

Les années 1864 et 1865 furent pour la paroisse du Saint-Sépulcre deux années de grande ferveur spirituelle grâce à la *mission* prêchée par les RR. PP. Rédemptoristes Berthe de Boulogne-sur-Mer, Griflaut de Fontainebleau et Minne de Dunkerque et au *Jubilé* dont les prédications furent confiées aux RR. PP. Leroy de Dunkerque et Delobel de Boulogne, également de l'apostolique Congrégation du Saint-Rédempteur. Les conversions nombreuses ramenèrent la paix divine dans beaucoup d'âmes.

En 1865, nous voyons Sa Grandeur Mgr Parisis confirmer le privilège presque séculaire, réservant au doyen du Saint-Sépulcre l'honneur de présider alternativement avec le grand-doyen de Notre-Dame la procession annuelle du Très Saint-Sacrement, toujours si recueillie et si populaire à Saint-Omer.

La chapelle latérale de la nef de la Sainte-Vierge qui, jusque-là, avait été réservée à la dévotion à sainte Catherine, patronne chère aux jeunes filles, fut officiellement consacrée le troisième mercredi de septembre 1865 à *saint Joseph*, que *Pie IX* devait en 1870 proclamer le protecteur de l'église universelle. Le 26 novembre de la même année, une *statue du Bienheureux Benoit-Joseph Labre* était également installée solennellement contre le banc d'œuvre. Cette statue, en bois, très réussie dans sa noble simplicité, fut donnée par une famille qui était redevable au Bienheureux de la guérison miraculeuse d'un de ses membres. Le retable et le socle sculptés ont été offerts par un groupe de pieux paroissiens. Faisons

remarquer que durant de longues années, avant même
la béatification, *M. le chanoine Dumetz*, originaire
d'Amettes, avait édifié ses paroissiens du Saint-Sépulcre
par les exhortations intimes qu'il leur faisait sur les
vertus et la puissance auprès de Dieu de son vénéré
compatriote.

Quand les grands travaux du chœur furent terminés, *Les premiers vitraux du Chemin de la Croix.*
on songea immédiatement *à la restauration des nefs
latérales* et on constata que par une disposition vraiment
providentielle, *les fenêtres* qui éclairaient ces nefs étaient
au nombre de quatorze. Il n'y avait pas à hésiter, on
comprit de suite que dans une église destinée à honorer
les mystères de la Passion et de la mort du Sauveur,
on ne pouvait mieux faire que de représenter en vitraux
dans ces fenêtres les *quatorze stations du Chemin de la
Croix*. La première offerte par M. Thilloy-Lecoustre,
membre du Conseil de Fabrique, fut la dixième station,
le dépouillement de Notre-Seigneur, sortie des ateliers
de Lusson, en 1865 ; elle a coûté 2500 francs.

A son tour, la chapelle du Sacré-Cœur fut confiée aux *Ornementation de la chapelle du Sacré-Cœur.*
ouvriers. La maison Durieux, de Reims, construisit
l'autel actuel pour 4800 francs avec sa garniture et ses
sujets d'ornement : le Bon Pasteur, l'Agneau symbolique, le Sacré-Cœur, le Divin Pélican et six Anges dans
l'attitude de la prière fixant du regard le Crucifix qui
domine l'ensemble. La même maison fut chargée de la
décoration des voûtes et des murailles du sanctuaire.

La table de communion, dessinée par *M. Omer Pley*,
et exécutée en fer forgé, fait honneur ainsi que celle de
la chapelle de la Sainte-Vierge, aux ateliers audomarois
de MM. Leverd père et fils. La principale dépense fut
enfin réservée pour percer la vaste fenêtre du pignon
de la nef, bouchée à la Révolution, et pour y installer

le splendide et gigantesque vitrail représentant le Sacré-Cœur environné de nombreux anges avec les instruments de la Passion. Ce vitrail a coûté 6000 francs.

Parmi les principaux donateurs de cette chapelle, notre devoir est de citer, *Mme Hamy-Level, Mme Cornet d'Hunval, Mme Petyt-Godefroy* et *M. le Doyen Lœuillet.*

Les années 1867 et 1868 vinrent enfin clore la série des grands travaux par l'établissement du portail latéral de la nef de la Sainte-Vierge, sur le même plan que celui de la nef du Sacré-Cœur, et par un complet renouvellement de la chapelle de Notre-Dame du Mont-Carmel.

C'est en 1803 que fut établie dans l'église du Saint-Sépulcre, pour remplacer la Confrérie de Notre-Dame du Pilier, *la Confrérie de Notre-Dame du Mont-Carmel,* dont le siège, avant la Révolution, se trouvait dans l'ancien couvent des Carmes, et en 1861 et 1863, malgré le retour des *RR. PP. Carmes* à Saint-Omer en 1859, place Saint-Jean, *M. le doyen Lœuillet* obtint le maintien de cette Confrérie dans sa paroisse, où elle fut toujours prospère. La maison Durieux, de Reims, remplaça l'autel de style grec, décrit précédemment, par l'autel gothique actuel, pour 5.500 francs, et *MM. Leverd* et *Gaymay* furent chargés de la table de communion et des peintures murales. *Quant à la grande verrière,* après avoir été admirée à l'exposition de 1867, elle constitue le digne pendant de celle du Sacré-Cœur et reproduit la Vierge du Carmel entourée de saintes femmes de l'Ancien Testament et de Saintes de la loi nouvelle. Ce remarquable travail a coûté 6.000 francs. Comme toujours, *M. le chanoine Lœuillet, Mme Hamy-Level,* des quêtes et des souscriptions paroissiales couvrirent tous ces frais relativement considérables.

Mgr Lequette, évêque d'Arras, voulut lui-même consacrer l'autel de Notre-Dame du Mont-Carmel, le 16 juillet 1868, jour anniversaire de l'apparition de la Très Sainte Vierge au Bienheureux Simon Stock pour lui remettre le saint scapulaire, et il scella en cette circonstance dans la table de pierre, les reliques des saintes Lucille et Donata, vierges et martyres. Cet autel devint autel privilégié en 1869.

En 1870, tous les vitraux du sanctuaire étaient terminés.

Le Concile œcuménique du Vatican ouvert à Rome, le 8 décembre 1869, procura aux paroissiens du Saint-Sépulcre une nouvelle indulgence jubilaire pendant le temps pascal de 1870, et les RR. PP. Rédemptoristes Griffaut et Parisot obtinrent, auprès des âmes, un consolant succès spirituel que méritait leur zèle apostolique. M. l'abbé Senet, vicaire de la paroisse, se rendit en pèlerinage à Rome au mois de mars 1870. Il fit à son retour, pendant le mois de Marie suivant, l'édifiant récit des grandioses et inoubliables cérémonies dont il avait été l'heureux témoin, pendant la Semaine Sainte au Vatican et à l'église Saint-Pierre, grâce à la présence de plusieurs centaines d'Évêques venus pour le Concile dans la capitale du monde chrétien.

En 1875, *la paroisse du Saint-Sépulcre* contribua, pour une large part, *au merveilleux triomphe du Couronnement* de l'antique et vénérée statue de Notre-Dame des Miracles, par une riche et intelligente décoration de ses rues et la variété et le bon goût des groupes formés par le *Pensionnat Saint-Joseph*, l'*Hôpital Général*, les élèves de *Notre-Dame de Sion* et de la *Sainte-Famille*, le *Pensionnat de M*^{lle} *Lartizien* et l'*Œuvre de Marie*. Le « fac-similé » en bois doré de l'église du Saint-Sépulcre qu'on voit encore dans la nef latérale gauche, nous est resté

La Paroisse
du
Saint-Sépulcre
et le
Couronnement
de
Notre-Dame
des
Miracles
en 1875.

comme souvenir du splendide cortège où il méritait particulièrement d'être à l'honneur.

C'est aussi en 1875 que M. le chanoine Lœuillet, la nuit même de Noël, fut appelé dans un monde meilleur au suprême repos de l'éternité qu'il avait légitimement mérité par le dévouement à toute épreuve de son laborieux ministère. Il était dans sa soixante-dixième année. Pour réaliser tous les travaux d'ornementation dont nous avons parlé, le zélé Curé dépensa des sommes considérables qu'il trouva dans les dons volontaires que ses aptitudes surent provoquer, mais surtout dans sa fortune personnelle qu'il mit largement à contribution. Craignant de ne pouvoir pendant sa vie achever d'une manière complète la décoration de sa chère église, il laissa même par testament une certaine somme à cette intention.

Les talents d'orateur populaire du vénérable défunt, son inlassable assiduité au saint tribunal, ses bonnes œuvres et sa franchise l'avaient rendu cher non seulement à ses paroissiens mais encore à tous les habitants de Saint-Omer, aussi, toutes les classes de la société se trouvèrent-elles confondues à ses funérailles dans une même manifestation d'universelle sympathie.

Mort
de
M. le chanoine
Lœuillet.

Regrets laissés
par
le vénéré défunt.

CHAPITRE IX

Installation de M. le chanoine Doublet. — Ses talents d'orateur et d'écrivain. — Ses luttes intrépides pour les écoles libres. — Le Patronage
paroissial. — Travaux à l'église. — La nouvelle chapelle du Calvaire.
— Les fonts baptismaux restaurés. — Les remarquables verrières ter-
minées. — Départ de M. le chanoine Doublet. — Sa nomination comme
chapelain de Notre-Dame des Ardents, à Arras. — Nombreux ouvrages
dus à sa plume autorisée. — Mgr Doublet prélat de la Maison du Pape.

La vacance de la cure fut très heureusement de courte durée après le décès de M. Lœuillet. En effet, le 6 février 1876, *M. le Grand-Doyen Duriez*, délégué de Sa Grandeur *Mgr Lequette*, évêque d'Arras, installait comme nouveau curé-doyen du Saint-Sépulcre *M. le chanoine Doublet*, curé de Saint-Venant et précédemment professeur et directeur au Grand-Séminaire d'Arras. Le nom du nouveau pasteur rappelait aux paroissiens du Saint-Sépulcre ses brillants débuts comme jeune professeur au collège Saint-Bertin de 1860 à 1867, alors que la confiance de ses supérieurs l'avait désigné comme directeur du Noviciat de la Société des prêtres de Saint-Bertin qui eut quelque temps sa résidence à Saint-Martin-au-Laërt.

Cette Société, composée d'une élite du Clergé du diocèse, avait pour but l'œuvre capitale de l'instruction de la jeunesse. Elle dirigea pendant quelque temps le petit-séminaire et le collège Saint-Joseph d'Arras, le collège Saint-Bertin à Saint-Omer, le collège d'Aire, l'école normale de Dohem, enfin, les collèges de Marcq-en-Barœul

Installation
de
M. le chanoine
Doublet.

et de Bergues dans le Nord et celui de Châlons-sur-Saône. Les circonstances n'ayant pas permis à la jeune Société, cependant si pleine d'avenir, de se constituer régulièrement, ses différentes maisons ne tardèrent pas à rentrer sous le gouvernement immédiat de l'Administration diocésaine.

Ses talents d'orateur et d'écrivain.

Théologien éminent et orateur distingué, *M. le chanoine Doublet* successivement et parfaitement secondé par ses vicaires *MM. les abbés Sockeel, Labitte, Vitasse, Vasou, Guilbert, Debret et Pronier,* se livra tout particulièrement à *la prédication* pour laquelle Dieu l'avait doué d'un talent remarquable, et, pendant douze ans, ses paroissiens furent de vrais privilégiés au point de vue de l'apostolat de la parole divine qu'il leur ménagea sans compter.

Toutes les paroisses de Saint-Omer bénéficièrent d'ailleurs très largement du zèle apostolique du doyen du Saint-Sépulcre qui, de 1876 à 1888, fut l'orateur attitré de toutes les grandes solennités audomaroises et des panégyriques de cette période.

C'est dans son église paroissiale que M. le chanoine Doublet groupa aussi l'auditoire d'élite de l'*Œuvre des Mères chrétiennes* auxquelles il réservait des instructions de choix, imprimées plus tard sous le titre de *Conférences aux Dames du monde. Sa plume* n'était pas moins vaillante que sa parole, et il sut s'en servir merveilleusement en maintes occasions dans la presse locale pour défendre énergiquement les âmes en danger.

Ses luttes intrépides pour les écoles libres.

L'inique laïcisation des écoles communales expulsant brutalement, en 1885, les *Frères des Écoles Chrétiennes* qui s'étaient dévoués admirablement depuis *près de deux cents ans* à l'éducation et à l'instruction du peuple audomarois, fournit au vaillant Doyen du Saint-Sépulcre l'occasion de lutter généreusement, sans aucun esprit d'opposition mesquine, contre le parti d'impiété et d'oppression qui pesait sur la France en cherchant à y ruiner la Religion et en s'attaquant spécialement à l'éducation chrétienne de l'enfance. *Grâce à son zèle* et à son esprit d'intelligente organisation, 800 enfants des paroisses du Saint-Sépulcre, de Saint-Denis et du Haut-Pont trouvèrent immédiatement *un nouvel asile* dans les locaux de la rue Taviel, de l'enclos Saint-Bertin, de la rue des Écoles (en attendant l'installation rue Carnot) et dans les anciens bâtiments de « la Providence » du Faubourg du Haut-Pont. Quarante mille francs furent recueillis en quelques jours, et avec le concours du Comité du « *Denier des Écoles Catholiques* » et de ses premières fêtes de charité, les Frères purent continuer à donner, pour le plus grand bien commun, un enseignement séculaire où la Science ne divorce pas d'avec la Religion.

C'est également sous M. le chanoine Doublet que l'*Œuvre du Patronage des Jeunes Gens,* alors unique pour la ville, fut confiée spécialement aux Vicaires du Saint-Sépulcre, ainsi que l'Œuvre non moins importante du *Cercle Catholique.*

Le Patronage dont le premier aumônier fut M. l'abbé Sockeel aidé par les Frères des Écoles Chrétiennes, vit encore s'accroître les encourageants succès qu'il avait connus successivement depuis 1843, date de sa fondation, par les Membres de la Conférence de Saint-Vincent de Paul dont les noms suivants méritent d'être inscrits au livre d'or du dévoûment à la classe ouvrière : MM. *Dupuis, Hazard, Parmentier, Caboche, Leuillieux, Bardel, Lœuillet, Dusautoir, Courtois, Caron, Gaston Duquenoy et Georges le Roux.*

Le Patronage
paroissial.

Travaux à l'église.

Bien que la défense des âmes fut la première de ses préoccupations, *M. le doyen Doublet* continua également *l'embellissement de son église* et il présida à l'achèvement de la décoration de la chapelle actuelle de Saint-Joseph, où la statue de ce saint Patron dominant l'autel gothique, forme, avec les statues polychromes de *saint Laurent et de sainte Brigitte, de saint Roch et de saint Druon*, un ensemble très artistique. Ces différents saints rappellent le souvenir de diverses confréries d'antan.

La nouvelle chapelle du Calvaire.

Ce fut lui aussi qui décida la transformation de l'ancienne chapelle latérale de droite dédiée à Jésus Flagellé, dont l'autel était adossé à la sacristie, *en une chapelle du Calvaire*, telle qu'on la voit aujourd'hui. Nous en donnons une photographie prise le jour du Vendredi Saint. Bien qu'on eut préféré la représentation du sépulcre glorieux du Sauveur ressuscité qui cadrerait mieux avec l'objet de la fête patronale de la paroisse, il faut reconnaître que le Crucifix, la Mère des Douleurs, saint Jean et sainte Madeleine sont d'une remarquable exécution et que le massif des rochers au milieu duquel se trouve le tombeau du Sauveur enseveli, constitue un tout impressionnant. Les deux statues de *saint Antoine de Padoue et de saint François d'Assise* qui s'y trouvent, rappellent le rétablissement et la direction du Tiers-Ordre Franciscain des hommes pour l'élite de ses paroissiens, par le pieux et zélé pasteur.

Les tiercerons de la voûte de cette antique chapelle portent en leurs clefs les quatre symboles des évangélistes : l'enfant, le lion, le bœuf et l'aigle, tenant une banderolle au nom des saints Mathieu, Marc, Luc et Jean.

L'année 1878 vit la reconstruction de la *chapelle des fonts baptismaux*, grâce à la générosité de M. le Baron

Louis de Monnecove. Le vitrail du fond représente la scène évangélique du baptême du Sauveur par saint Jean-Baptiste, son précurseur. La cuve gothique moderne, la grille d'entrée provenant comme nous l'avons dit plus haut, de l'ancien monastère des Chartreux de Longuenesse, et les peintures polychromes exécutées, il y a quelques années, aux frais de M. Albert de Monnecove, en complètent l'ornementation.

La cuve des fonts est due à l'habile ciseau d'un paroissien, M. Emile Sturne, sculpteur. Les huit colonnettes en marbre blanc qui la supportent et leurs contreforts sont du plus gracieux modèle gothique XVe siècle. Le couvercle, sur le même plan, est en bronze doré. Un joli rinceau de feuillage court autour de la cuve, entremêlé de l'inscription suivante : « Louis Le Sergeant de Monnecove a fait établir ces fonts baptismaux et les a donnés à l'église du Saint-Sépulcre le 2 août 1876, — baptême de Edouard-Robert-Marie Le Sergeant de Monnecove, son grand-oncle, parrain. »

C'est aussi en 1878 que les *deux dernières verrières* du remarquable Chemin de la Croix, unique dans la région, furent mises en place. La dixième avait été offerte par M. Thilloy-Lecoustre, la douzième par la famille Dusautoir ; quant aux autres, elles sont dues à de nombreux souscripteurs parmi lesquels nous devons surtout citer *M. le chanoine Lœuillet et son frère, Mme Hamy-Level, Mme Herbout, Mlle Sophie Pley, Mme Petyt-Godefroy, M. Taffin, les familles de Monnecove, Clarisse et Guilbert,* et d'autres généreux paroissiens.

Au milieu de tous ces travaux matériels, M. le chanoine Doublet n'oubliait pas le ministère de la *direction spirituelle des âmes,* et Dieu sait le bien immense que son assiduité au saint tribunal et son expérience sacerdotale ont fait aux nombreux fidèles qui recherchaient ses conseils éclairés.

Départ
de
M. le chanoine
Doublet.

Pour toutes ces raisons, les liens étroits qui unissaient les paroissiens dn Saint-Sépulcre à leur éminent doyen semblaient indissolubles, quand une décision sérieusement mûrie devant Dieu vint enlever, en 1888, le dévoué pasteur à l'affection de sa paroisse.

Sa nomination
comme
chapelain
de Notre-Dame
des Ardents
à Arras.

M. le chanoine Doublet, appelé à continuer les hautes études vers lesquelles il s'était toujours senti spécialement attiré et qui étaient difficilement conciliables avec les exigences du ministère paroissial, quitta Saint-Omer pour Paris, d'où, après un séjour de quelques années, il fut appelé par la confiance de son Évêque à la charge de *chapelain de Notre-Dame des Ardents* à Arras.

Mgr Doublet
prélat
de la Maison du Pape

C'est à ce poste que le Souverain-Pontife *Léon XIII* vint chercher l'ancien doyen du Saint-Sépulcre pour l'élever à la dignité de *Prélat de sa maison*, titre honorifique qui constituait la récompense de l'*écrivain éminent* qui avait bien mérité de la Sainte Eglise.

Nombreux ouvrages
dûs à sa plume
autorisée.

Monseigneur Doublet a successivement publié *trois ouvrages* remarquables sur Jésus-Christ, saint Paul et les Psaumes étudiés en vue de la prédication — Un *Guide* du prêtre dans la prédication — *184 méditations* à l'usage des prédicateurs et des leçons d'histoire ecclésiastique — Une *étude complète du christianisme* pour les catéchismes de persévérance — Des *conférences* aux Dames du monde sur la vie chrétienne — Un *ouvrage* sur le passé, le présent et l'avenir des Juifs — Un petit volume de piété qui a pour titre : *L'heure délicieuse aux pieds de Jésus dans l'Eucharistie.*

Quand *M. le chanoine Doublet* donna sa démission en 1888, le Conseil de Fabrique de la paroisse du Saint-Sépulcre, interprète des regrets de tous, lui offrit *une plume d'or* symbolique. On conviendra que cette plume a été merveilleusement tenue et employée. Sa Grandeur *Monseigneur Williez* a nommé, en 1907, *Monseigneur Doublet membre du « Conseil de vigilance »*, prescrit par l'Encyclique « Pascendi », pour la défense et le maintien de la doctrine chrétienne dans le diocèse d'Arras.

CHAPITRE X

La paroisse confiée à M. le dóyen Benoist. C'est le dimanche 2 décembre 1888 qu'eut lieu l'installation solennelle du nouveau curé-doyen du Saint-Sépulcre, *M. l'abbé Henri Benoist,* précédemment directeur au Grand Séminaire d'Arras, curé d'Audinethun, et en dernier lieu de la paroisse Saint-Vincent de Paul à Boulogne-sur-Mer. La cérémonie fut présidée par *M. le chanoine Sagot,* archiprêtre de la Basilique Notre-Dame. *Le texte de l'allocution* du nouveau pasteur fut « *Dominus misit me Jesus* », tiré des Actes des Apôtres, ch. IX, v. 17, et c'est avec une éloquence toute communicative qu'il le développa en montrant qu'envoyé par Notre-Seigneur Jésus-Christ Lui-même, il arrivait pour travailler au salut des âmes qui lui étaient confiées.

La Mission de 1889. *Une mission* donnée par les RR. PP. Rédemptoristes Idilon, de Lille et Albéric de la Gorce, de Boulogne, depuis le quatrième dimanche de Carême jusqu'à la fête de Pâques, permit à M. l'abbé Benoist de se mettre immédiatement en contact avec ses paroissiens et d'apprécier toute la vitalité de leurs sentiments chrétiens.

Le Calvaire de l'Église fut enrichi à cette occasion de plusieurs indulgences plénières que l'on peut gagner aux différentes fêtes de la Sainte-Croix, et d'un certain nombre d'indulgences partielles attachées à la récitation de cinq *Pater* et de cinq *Ave* en l'honneur des cinq plaies de Notre-Seigneur Jésus-Christ, ou de sept *Ave* en l'honneur de la Très Sainte Vierge.

De cette époque date également l'*Image de la Sainte-Face*, encadrée dans une sculpture en bois de chêne et disposée sur une colonne dans la chapelle du Calvaire. Quarante jours d'indulgence sont accordés aux fidèles qui récitent avec contrition devant cette image l'oraison jaculatoire « *Domine, ostende faciem tuam et salvi erimus* » en réparation des outrages faits à Dieu par le péché, notamment par le blasphème et la profanation du dimanche.

En décembre de la même année, eut lieu la bénédiction solennelle, le jour de l'Immaculée-Conception, *d'une statue de la Sainte-Vierge* tenant l'Enfant-Jésus sur ses genoux. Cette statue, destinée à être placée au-dessus de l'autel de Notre-Dame du Mont-Carmel, fut offerte par une famille de la paroisse. Très artistement sculptée et décorée, elle est sortie des ateliers de Chovet, à Paris.

M. l'abbé Benoist continua à s'occuper activement de *l'organisation matérielle des écoles libres paroissiales* et s'efforça, de tout son pouvoir, d'atténuer ainsi les effets très fâcheux de la loi scolaire au point de vue religieux. Comprenant tout particulièrement la devise du Divin Maître « *Laissez venir à moi les petits enfants* », il aimait beaucoup ces derniers et avait même rêvé d'établir en leur faveur une société de Missionnaires diocésains spécialement chargés d'évangéliser les enfants et les Œuvres de Jeunesse. C'est aussi sur son initiative que les *Religieuses de Notre-Dame de Sion, providence de la Paroisse*, depuis quarante ans, établirent une *école maternelle* dans leur établissement modèle. Le zélé Doyen du Saint-Sépulcre eut toujours une affection pour les délaissés et il se chargea lui-même plus d'une fois de préparer à la première communion des adultes retardataires. *Les pauvres de la paroisse* ont aussi conservé le souvenir des visites charitables qu'il leur fit à domicile, sachant joindre toujours au secours matériel la parole qui touche et convertit les âmes.

Pendant son trop court passage à la cure du Saint-Sépulcre, M. le chanoine Benoist eut aussi à mener à bonne fin, de concert avec son Conseil de Fabrique, l'important travail de *la reconstruction du clocher de la tour paroissiale*. Pendant que cette dernière datant, nous l'avons dit, du quatorzième siècle, continuait à braver toutes les intempéries des saisons, sa flèche élégante, sous les assauts réitérés des ouragans, réclamait d'urgentes réparations.

Nouvelle flèche de la tour séculaire. *La démolition du vieux clocher* eut donc lieu en 1891 aux frais communs de la Municipalité et de la Fabrique paroissiale et en quelques mois une nouvelle flèche non moins gracieuse et cantonnée à sa base de quatre autres petits clochetons, de style gothique, s'élevait à nouveau à cinquante-deux mètres du niveau du sol, surmontée du coq symbolique traditionnel que M. Lemaire-Gerrebout, l'habile entrepreneur de la restauration, voulut fixer à son sommet. Le total de la dépense monta à 18.200 francs, Les architectes furent MM. Libersalle père et fils.

La mort de M. le chanoine Sagot, archiprêtre de Notre-

Dame, le 17 janvier 1802, ayant coïncidé avec la vacance du siège épiscopal d'Arras laissé libre par la mort de *Sa Grandeur Mgr Dennel*, décédé le 28 octobre 1891, ce fut M. le doyen Benoist qui eut à remplir la charge de vice-archiprêtre pendant plus d'un an, et à son arrivée dans le diocèse d'Arras, *Sa Grandeur Mgr Williez*, pour le récompenser des services rendus avec un tact parfait dans cette double situation, le nomma chanoine honoraire.

M. l'abbé Benoist est nommé chanoine et devient archiprêtre à la paroisse Notre-Dame.

La paroisse entière se réjouit de cette distinction accordée à son dévoué pasteur, mais cette nomination éveilla en même temps certaines appréhensions qui ne furent que trop justifiées par une autre nomination qui enlevait, le 8 avril 1893, à l'affection de ses paroissiens, M. le chanoine Benoist, devenu Archiprêtre de Saint-Omer. Nous retrouverons avec bonheur cette sympathique physionomie sacerdotale dans le volume où nous retraçons l'histoire de la paroisse Notre-Dame.

Le successeur de M. le chanoine Benoist à la cure du Saint-Sépulcre fut *M. l'abbé Vanherdrick*, Bénéficier de 1re classe, précédemment doyen d'Havrincourt. Le nouveau Doyen ne devait rester en charge que six années et l'état précaire de sa santé ne lui permit pas d'exercer, comme il l'eût désiré, son action pastorale auprès des âmes. Fidèlement secondé par ses zélés vicaires, *MM. les abbés Pronier, Duval et Gagny*, il maintint toutes les œuvres de ses prédécesseurs. Les catéchismes organisés trouvèrent un précieux secours dans le recrutement des Catéchistes Volontaires. L'œuvre du Cercle Catholique et celle du Patronage connurent de beaux jours sous la nouvelle impulsion que leur donnèrent MM. les Vicaires, et l'esprit paroissial prit d'heureux développements.

M. l'abbé Vanherdrick curé-doyen du Saint-Sépulcre.

Aménagements importants dans l'église.

C'est sous l'administration de *M. l'abbé Vanherdrick*, qu'en 1894, le Conseil de Fabrique prit d'importantes décisions pour l'utilisation de l'entrée de l'église sous les orgues et pour *le chauffage et l'éclairage* de l'église et que la générosité inlassable de M. Albert de Monnecove permit de renouveler la porte extérieure du grand portail. Nous avons dit plus haut que les boiseries intérieures sculptées de ce même grand portail proviennent de l'ancienne Abbaye de Saint-Bertin, ainsi que les deux statues en bois sculpté et de superbe allure, placées en haut de la grande nef, et représentant saint Jean-Baptiste et l'Apôtre saint Jean. La nouvelle porte extérieure est en chêne, et on y lit sur une bande finement fouillée et reproduisant des branches de houx fleuri, la devise « *Terribilis est locus iste. Verè hic est domus Dei et porta cœli* ». « Ce lieu est vénérable entre tous. Oui ! c'est vraiment ici la maison de Dieu et la porte du Ciel ».

L' « oratorio » de Jeanne d'Arc.

L'année 1896 vit l'exécution musicale d'un « *oratorio* » *dit de Jeanne d'Arc*, qui fut un retentissant succès pour le Maître Audomarois, *M. Victor Luc*, organiste de la paroisse pendant cinquante ans. L'Église du Saint-Sépulcre, grâce à son acoustique très favorable, a d'ailleurs toujours été le rendez-vous privilégié des sociétés musicales de la ville de Saint-Omer, que son chef autorisé y dirigeait pour rehausser l'éclat des cérémonies religieuses.

Nouvelle délimitation de la paroisse.

Enfin, c'est en 1899 que, de concert avec MM. les Curés de la Ville et les Conseils de Fabrique, la *nouvelle délimitation de la paroisse du Saint-Sépulcre* fut approuvée par *Mgr Williez*, évêque d'Arras, et *M. le chanoine Hervin*, vicaire général, archidiacre de Saint-Omer, et délégué épiscopal pour la circonstance. Cette délimitation était devenue nécessaire à la suite des travaux du démantèlement et chaque paroisse fut appelée par l'organe de son Curé et de ses Conseillers de Fabrique à faire valoir ses droits sur les terrains en litige. Nous donnerons plus loin, au début de la seconde partie de ce volume, les résultats de cette importante délimitation avec les noms anciens et nouveaux de toutes les rues de la paroisse.

Au mois de décembre de la même année, Dieu rappelait à Lui M. l'abbé Vanherdrick, sanctifié par de longues souffrances méritoires, qu'il sut offrir généreusement pour les intérêts spirituels de sa grande famille paroissiale.

M. le chanoine Décrouïlle, aumônier de N.-D. de Sion, fut, pendant deux mois, administrateur de la cure vacante. Sa sollicitude se porta plus spécialement sur la prédication et la restauration si importante des anciennes confréries.

Décès
de M. le doyen
Vanherdrick.

M. le chanoine
Décrouïlle
administrateur
provisoire.

CHAPITRE XI

M. le doyen Désert prend possession de la cure du Saint-Sépulcre.

M. l'abbé Désert, précédemment doyen de Norrent-Fontes, fut appelé, le 21 février 1900, à succéder à M. l'abbé Vanherdrick, et son installation canonique fut faite le dimanche 18 mars par *M. l'archiprêtre Lansoy*, curé-doyen de la Basilique Notre-Dame, en présence du Conseil de Fabrique et d'une affluence considérable.

« Aimer sa paroisse et se dévouer entièrement pour ce riche patrimoine de piété, de dévouement et de bonnes œuvres qu'elle constitue avec sa pléïade de Communautés religieuses groupées autour de l'antique et remarquable sanctuaire du Saint-Sépulcre », tel sera le programme développé éloquemment du haut de la chaire par le nouveau Pasteur, dans sa première allocution au peuple choisi que lui confie son Évêque.

MM. les abbés Gagny, Bar et David furent appelés, comme vicaires, à partager les labeurs et les consolations de son apostolat paroissial.

M. le doyen Désert voulut donner lui-même les prédications des deux *retraites pascales* de 1900, destinées aux dames et aux hommes, retraites toujours si fertiles en fruits salutaires pour les âmes.

Utilisant ses goûts artistiques appréciés qui lui valurent l'honneur d'être chargé, en 1899, du plan des décorations de la cathédrale d'Arras lors des fêtes du centenaire du Calvaire et de la béatification de Jeanne d'Arc en 1909, M. le Doyen du Saint-Sépulcre, auteur de nombreux motifs et dessins religieux, les fit servir à l'embellissement de son église à toutes les grandes fêtes liturgiques et surtout au *mois de Marie*. Ce dernier fut toujours d'ailleurs célébré avec une piété et une solennité particulières, depuis quarante ans, par les paroissiens du Saint-Sépulcre ; chants pieusement exécutés par les demoiselles de la paroisse, illuminations variées, décors symboliques, tout fut mis à contribution pour l'honneur de la Très Sainte Vierge et l'édification des âmes.

Il s'occupe activement de la décoration de son église.

C'est au lendemain de la clôture du mois de Marie 1900 qu'eut lieu l'*intéressante découverte de la châsse renfermant les ossements de saint Erkembode*, ancien Évêque de Thérouanne et Abbé de Saint-Bertin, et ceux de sainte Austreberthe, et qui se trouvait cachée depuis cent ans sous le maître-autel de la paroisse du Saint-Sépulcre. L'Évêque constitutionnel Asselin l'y avait placée, lui-même, après l'avoir scellée et avoir dressé le procès-verbal d'authenticité, constatant que les précieuses reliques avaient été apportées directement de l'ancienne cathédrale par le sacristain *Joseph Thomas*, qui les avait soustraites à la profanation.

Découverte de la châsse antique de saint Erkembode sous le maître-autel.

Un grand silence, qui dura cent un ans, s'établit autour du précieux dépôt qui dut cependant être mis à découvert lors des travaux nécessités en 1862 par l'érection dans l'église du Saint-Sépulcre du nouveau et splendide maître-autel, décrit précédemment, et que l'on voit encore aujourd'hui.

Le procès-verbal rédigé sur l'ordre de l'Evêque Asselin et contresigné par neuf témoins en 1799, ayant été retrouvé en 1891 dans les archives paroissiales par *M. l'abbé Benoist*, curé-doyen du Saint-Sépulcre, et communiqué au public par M. l'abbé Bled, alors président de la Société des Antiquaires de la Morinie, la question des reliques reprit un nouvel intérêt, mais elle ne devait aboutir qu'en 1900.

MM. les abbés Gagny et Bar, vicaires du Saint-Sépulcre, sur les instances de *M. Roger Rodière*, de Montreuil, auteur d'un travail consciencieux sur les *« Corps Saints »* de sa région et en particulier sur sainte Austreberthe, prirent à cœur de s'assurer si le dépôt sacré fait dans leur église s'y trouvait encore. C'est alors que le 1er juin 1900, à l'occasion des travaux de l'enlèvement des décors du mois de Marie, MM. les Vicaires ayant écarté quelques planches fermant le fond de l'autel, aperçurent, dans une cavité, *un coffre* en tout semblable à celui que Thomas avait apporté de l'ancienne cathédrale à Saint-Sépulcre, *« en bois de chêne, creusé d'environ trois pieds de long sur un de large.... ayant un couvercle en bois en deux pièces »*. Il n'y avait pas à en douter, c'était bien le coffre qui devait contenir les reliques vénérées de saint Erkembode et de sainte Austreberthe.

Mgr Williez, évêque d'Arras, informé de cette importante découverte, délégua le 16 janvier 1901 M. l'abbé Désert et le 4 février *M. le vicaire-général Liénard*, pour procéder à une double reconnaissance officielle des reliques. Il apparut à l'évidence que le coffre n'avait pas été ouvert depuis 1799. Le couvercle enlevé, *MM. les doc-*

teurs Poulain et Tillie constatèrent la présence d'ossements de deux provenances bien différentes : les uns
plus importants et plus nombreux avaient été ceux d'un
homme de bonne taille, mort dans un âge déjà mûr,
les autres en plus petite quantité et moins considérables,
mais aussi anciens que les premiers. Constatations faites
et procès-verbal dressé, le tout fut remis en l'état et la boîte
fermée et scellée en attendant le jugement de l'Ordinaire.

Ce jugement, Mgr Williez le porta, le 31 mars 1902,
en signant une ordonnance où il déclarait les reliques
retrouvées dûment authentiquées et susceptibles d'être
exposées de nouveau à la vénération des fidèles. *Le
texte portait* que l'église Notre-Dame devait rentrer en
possession de la châsse et de son contenu, à l'exception
d'une relique insigne que l'église du Saint-Sépulcre rece-
vrait comme souvenir reconnaissant d'une hospitalité
séculaire. Ce fut *M. l'archiprêtre Lansoy* qui, le 14 juin,
remit officiellement à M. l'abbé Désert, un fémur entier
et plusieurs os des deux provenances.

Les ossements de saint Erkembode et de sainte Austreberthe furent alors séparés et enveloppés dans une
étoffe de soie scellée du sceau épiscopal. Puis on re-
plaça les reliques du saint Evêque dans *leur antique
coffre en chêne* datant de 1085, en y joignant le procès-
verbal de l'opération.

Quant à la vénérable châsse, pour la consolider, elle
fut munie aux extrémités de deux bandes de fer et gar-
nie d'un nouveau couvercle remplaçant celui en deux
pièces, confectionné à la hâte par le sacristain Thomas,
en 1797, lors de la profanation révolutionnaire. *Une
plaque gravée*, en métal blanc, rappelant les circonstances de la cérémonie a été également vissée sur le nouveau
couvercle. Le tout fut scellé avec trois rubans de **soie**

rouge, fixés aux extrémités par des cachets de cire portant les armoiries de Mgr Williez.

La translation solennelle des reliques à la Basilique Notre-Dame eut lieu le 15 juin 1902, sous la présidence de M. le Vicaire général Hervin, archidiacre de Saint-Omer, et M. le chanoine Décrouille, l'orateur attitré de toutes nos grandes cérémonies audomaroises, prononça le panégyrique de saint Erkembode en présence d'une affluence considérable.

Le dimanche 6 juillet suivant, la paroisse du Saint-Sépulcre, sous la présidence de Mgr Doublet, Prélat de la maison de Sa Sainteté Léon XIII, son ancien doyen, célébrait à son tour *l'inauguration du nouveau reliquaire,* vrai bijou de bronze doré, de marbres, d'émaux et de pierreries, offerts par les fidèles riches et pauvres de cette église pour renfermer la relique insigne de saint Erkembode qui leur avait été laissée. Le matin, après une messe dite par *Mgr Doublet* qui distribua de très nombreuses communions, la grand'messe solennelle, orchestrée, fut chantée par l'Orphéon du Pensionnat Saint-Joseph.

Aux vêpres, *M. l'abbé Fournier,* aumônier du Lycée, par son talent oratoire et sa parole apostolique, raviva profondément dans les âmes des Audomarois, la piété traditionnelle pour les reliques des saints protecteurs de leur cité, piété qui fait partie intégrante du patrimoine religieux que leur ont légué leurs pères.

Le lecteur trouvera dans *une brochure* spéciale que nous avons composée et qui est à sa troisième édition, tous les détails désirables sur « *Saint Erkembode, glorieux patron et bienfaiteur de la Ville de Saint-Omer* ».

Au-dessous de la châsse renfermant les précieuses reliques, et placée ordinairement au premier pilier en haut de la nef de la Sainte-Vierge, se trouve également un petit médaillon reliquaire avec l'inscription : « *Saint Erkembode, secourez ceux qui vous invoquent* ».

C'est en 1903 qu'eut lieu la *restauration des deux sacristies* de l'église, grâce à la générosité des paroissiens. Cette restauration s'imposait depuis longtemps et M. le doyen Désert, de concert avec M. Delpierre, entrepreneur, et son Conseil de Fabrique, combina toutes choses pour qu'elle fût exécutée dans les meilleures conditions possibles. Pendant que la *sacristie située* au nord à proximité de la chapelle de Saint-Joseph était tronsformée en une salle spacieuse de catéchisme pouvant servir aussi de dépôt, la *sacristie du sud* était largement pourvue du mobilier nécessaire pour la conservation des ornements sacerdotaux et des objets du culte.

Plusieurs textes latins, reproduits sur les boiseries, rappellent chaque jour au Clergé la grandeur et la sainteté des fonctions qu'il vient, à la sacristie, se préparer à remplir à l'autel pour le plus grand bien des fidèles. Rappelons ici comme souvenir que la porte d'entrée de la sacristie sud, primitivement placée dans une arcade derrière l'autel du Sacré-Cœur, s'ouvrit ensuite dans la chapelle du Calvaire et enfin à la place actuelle.

Les travaux précédents ont amené l'intéressante découverte d'*une petite statue de la Sainte Vierge, datant du XIVe siècle*, enclavée dans la muraille, derrière l'autel du Sacré-Cœur, à l'extérieur, où il a fallu la laisser, vu son état de mutilation. Cette statue provient probablement d'un monument funéraire du cimetière qui entourait l'église.

Un plan des travaux extérieurs a été aussi dressé et sera mis à exécution quand la Divine Providence, par l'organe des charitables paroissiens, enverra les ressources nécessaires. Ce plan comporte tout particulièrement la restauration artistique du petit portail sud.

M. *le Doyen du Saint-Sépulcre,* auteur d'une excellente brochure : *« Le livre mortuaire »,* donnant l'interprétation et l'enchaînement du texte liturgique ainsi que le sens des cérémonies funèbres, ne pouvait oublier le touchant souvenir des fidèles trépassés, et il a fait disposer, *aux piliers des orgues, deux tableaux* réservés aux Défunts dont les noms sont rappelés chaque dimanche au prône de la grand'messe.

Voici les sentences qui accompagnent ces tableaux :

« Pensez à vos trépassés et priez pour eux ». « Leurs corps ont été ensevelis en paix et dans l'attente de leur résurrection ». « Seigneur donnez à leurs âmes, votre Ciel, ce lieu de l'éternelle lumière, de l'éternel repos et de l'éternel bonheur ».

La reconnaissance nous fait un devoir, surtout au moment où l'impiété maçonnique vient de s'emparer des biens d'église, de citer ici les noms des principaux bienfaiteurs, qui, par leurs dons généreux sous forme de fondations, ont permis à la Fabrique paroissiale du Saint-Sépulcre de subvenir, depuis 1802, aux frais du culte. *Les familles : Varlet de la Vallée, Deprey, Feutrel, Predhomme, Van Wormhoudt, Guerlain, Delbour, Vermeulen, Lœuillet, Merlin, Dassonneville, Roels, Lardeur, de Cardevacque, Escudé, Déjardin, Pauchet, Hancquier, Garbe, Doutriaux, Deguisne, Depotter, de la Diennée, Magret, Maës, Pagart, Carton, Tack et Clarisse.*

Dans cette même pensée, un « *ex voto* » en marbre noir, don de *M. Louis Danel,* reproduit au pilier gauche de la tour, *les noms des anciens Doyens du Saint-Sépulcre* depuis 1802. Une petite croix est placée devant le nom de ceux qui sont morts dans leur paroisse. Une quête faite chaque année à domicile est destinée à subvenir aux frais d'un salut hebdomadaire des trépassés et de leur octave solennelle au mois de novembre. Depuis Noël, en 1900, *la crèche de l'Enfant Jésus* disposée dans la chapelle du Calvaire dont le rocher reproduit la grotte de Bethléem, est entourée d'une vingtaine de personnages. Ces derniers ont été offerts par une famille pieuse. Quant à « *l'Enfant Jésus* », il a été donné par les jeunes filles de la paroisse lors de la grande mission de 1828.

Les décorations de l'église consistant surtout en tentures, selon l'usage liturgique romain, et le luminaire du chœur où de nombreuses lampes à l'huile furent associées aux cierges de cire rehaussèrent, chaque année, l'éclat des grandes cérémonies.

En 1901, ce fut à M. le doyen Désert qu'échut l'honneur de dresser le plan *du char triomphal du Très Saint Sacrement* pour l'inoubliable fête Eucharistique. Dans la *troisième partie du cortège* confiée à la paroisse du Saint-Sépulcre, on remarquait *les figures eucharistiques* de l'ancienne loi, représentées avec une parfaite exactitude historique par les élèves du *Pensionnat Saint-Joseph* — *Les groupes évangéliques*, les Anges de la Passion, du *Pensionnat de M*^{lle} *Lartizien* — Les Anges du « Sanctus » et de « l'Apocalypse », du *Pensionnat de la Sainte-Famille*. Le tout complété par la musique de l'Institution Saint-Bertulphe de Fruges et celle de l'Orphelinat de Calais, l'Institution de Saint-Vaast et les députations d'hommes de l'archiprêtré de Béthune. Au milieu de ces dernières, un nombreux et édifiant groupe d'ouvriers mineurs de Nœux et Billy-Montigny en blouse de travail et lampe au chapeau, attiraient tous les regards par leur bonne tenue, leur entrain dans les chants et leur ferveur dans la prière. (Nous avons édité une brochure spéciale qui a pour titre : « *Souvenir du Triomphe Eucharistique du 7 juillet 1901* »).

Participation
de la paroisse
du
Saint-Sépulcre
à la grande
Fête Eucharistique
de 1901.

CHAPITRE XII

Nouveaux embellissements du mobilier de l'église.

Aux statues modernes de Notre-Dame de Lourdes, de Notre-Dame du Mont-Carmel (don de Mme Cortyl), de saint Benoît-Joseph Labre et de saint Antoine de Padoue, déjà honorées dans l'église, vinrent s'ajouter celles de saint Michel, l'un des patrons de la France, et de saint Gérard Magella. *La réinstallation de la statue ancienne de Notre-Dame du Mont-Carmel,* don de M. Herbout, et qui occupait jadis le centre de l'autel de la Confrérie, autel de style grec établi en 1843 et disparu en 1868, eut lieu solennellement en février 1902. Rappelons que les statues de *saint Laurent* et de *saint Lambert,* évêque de Liège, encadraient cette Vierge, qui est signée par Bougran (1843). *Différents édicules* de style, ont été également construits pour servir de piédestaux aux saints nommés plus haut, et le socle de la statue en bois, d'une très bonne exécution, de saint Benoît-Joseph

Labre, renferme une de ses reliques. En 1903, une *nouvelle bannière* dite, *du Saint-Sépulcre*, complétait la série des étendards paroissiaux destinés à figurer à l'honneur dans les processions. Enfin, en 1904, un important travail que les paroissiens appelaient depuis longtemps de leurs vœux, la *réouverture des deux fenêtres du fond de l'église* était exécutée par MM. Minart, entrepreneur et Lermytte, peintre-verrier, et permettait à la lumière du jour légèrement tamisée par un verre spécial, d'éclairer avantageusement l'ensemble et les détails de l'édifice, plongés jusque-là dans une fâcheuse demi-obscurité occasionnée par les vitraux.

Depuis le rétablissement du culte en 1802, le trésor des reliques de la paroisse du Saint-Sépulcre se compose, outre les reliques renfermées dans les différentes pierres d'autel, des reliques de *saint Vaast, saint Kilien, saint Vulgan, saint Erkembode, saint Damase pape, saint Honoré, saint Bénigne, saint Bertin, saint Théodore, saint Vincent de Paul, sainte Catherine de Sienne, sainte Rose de Viterbe, saint Benoit-Joseph Labre, sainte Austrebèrthe.* Enfin, une relique de la *vraie croix,* deux reliques du *saint sépulcre,* une du *tombeau de la Sainte-Vierge* et une autre de la *colonne de la Flagellation.*

> La Thésaurie des reliques.

Deux autres coffres modernes, confectionnés en 1901 pour remplacer les châsses anciennes, renferment des ossements de deux provenances, qui ont été trouvés en 1900, sous le maître-autel, avec les châsses de saint Erkembode et de sainte Austreberthe et n'ont pu jusqu'ici être identifiés.

Tous ces travaux ne ralentirent pas le zèle de M. le doyen Désert et de ses dévoués vicaires sur le terrain des œuvres paroissiales de jeunesse et des Confréries.

> Consolante expansion des œuvres sociales.

La *célébration* plus solennelle *du premier vendredi du mois* et *l'exercice de l'heure sainte* à trois heures de l'après-midi, donnèrent un nouvel élan à la dévotion au Sacré-Cœur, pendant que la divine Charité unissait les âmes dans les multiples réunions et démarches qu'imposaient à l'élite des dames et des demoiselles de la paroisse du Saint-Sépulcre, *les œuvres sociales*, de *la Sainte-Famille*, des *catéchistes volontaires*, du *trousseau*, et de l'œuvre interparoissiale des Françaises de Saint-Omer pour les Conférences populaires, dans la salle des fêtes de la rue Hector Piers. Nous tenons à citer ici les noms des *Prédicateurs des retraites pascales*, dont la parole apostolique a puissamment renouvelé la ferveur dans les âmes en les préparant à l'accomplissement du devoir de la communion annuelle, sans lequel il n'y a point de vrai bonheur à espérer ici-bas. Ce sont *M. le chanoine Décrouïlle, M. l'abbé Letailleur, M. l'abbé Royer* d'Arras, *le R. P. Alix*, Dominicain de Tournai.

Heureuse fondation du journal mensuel « Le Paroissial » du Saint-Sépulcre.

L'apparition, en décembre 1904, du premier numéro du journal mensuel *« Le Paroissial du Saint-Sépulcre »*, dont nous parlerons dans la seconde partie de ce volume, fera également date dans les archives de la paroisse.

Les tristesses de l'épreuve devaient à leur tour affermir la Foi et le courage du Clergé et des Paroissiens du Saint-Sépulcre, et les *journées des 25 et 26 janvier 1906* resteront mémorables, non seulement dans les Annales audomaroises, mais encore dans la France entière où elles eurent leur écho retentissant.

La barricade paroissiale qui restera célèbre dans l'Histoire.

Par un siège en règle qui dura trois heures et *par une barricade spontanément improvisée contre une indigne brutalité et restée imprenable* qui força les hommes de loi à remettre au lendemain un simulacre d'inventaire et cela grâce encore à un déploiement extraordinaire de la force armée, *les Paroissiens du Saint-Sépulcre déclarèrent hautement que si en bons français ils savaient rendre à César ce qui est à César, ils savaient aussi en vaillants chrétiens rendre à Dieu ce qui est à Dieu.*

L'impiété maçonnique et persécutrice est avertie désormais, elle sait que les Paroissiens se regardent à juste titre comme chez eux dans leur antique église et, éclairés par les leçons de l'histoire, à aucun prix ils ne permettront le retour des iniques usurpations et profanations rêvées et réalisées par les descendants des prétendus grands ancêtres de 1793.

Au point de vue financier, *la loi de séparation a non seulement supprimé le traitement du Clergé mais elle a encore spolié la Fabrique paroissiale* qui, par suite, a été obligée de réduire toutes ses dépenses, réduction qui a particulièrement atteint les crédits réservés aux prédications extraordinaires, à la maîtrise, aux employés, au mobilier et au chauffage de l'église.

En conséquence, les Paroissiens du Saint-Sépulcre tiendront à honneur de maintenir leurs actes à la hauteur du beau geste de 1906 et l'accueil sympathique qu'ils réserveront toujours à l'Œuvre par excellence du « Denier du Clergé » permettra aux cérémonies de leur vieux et cher sanctuaire de retrouver et même de dépasser leurs splendeurs d'autrefois.

Pendant que la loi de séparation soulevait les protestations de toutes les consciences honnêtes, *la loi contre les Congrégations religieuses* atteignait aussi la ville de Saint-Omer dans ce qu'elle avait de plus cher. La Paroisse du Saint-Sépulcre vit tour à tour se fermer *son École de Frères* de la rue Taviel et *celle de la rue Carnot* où un certain nombre d'enfants de la paroisse reçurent

Devoirs
des paroissiens
à l'égard
du
« Denier du Clergé »
en face
de
l'injuste spoliation.

La persécution
atteint
successivement
les Pensionnats
et les écoles
de la Paroisse.

pendant de longues années les soins dévoués *des Chers Frères Adelme et Fortuné* et de leurs collègues dont les noms resteront toujours populaires à Saint-Omer.

A cette perte irréparable venait s'ajouter *celle du Pensionnat de la Sainte-Famille* où, depuis près d'un siècle, de saintes religieuses s'étaient dépensées sans compter pour l'instruction et l'éducation foncièrement chrétiennes des jeunes audomaroises, à qui elles avaient su tout particulièrement inspirer *l'esprit paroissial.*

Enfin, en 1908, le *Pensionnat Saint-Joseph, la maison modèle, la gloire de la Paroisse,* voyait à son tour ses portes se fermer tristement, pendant que trois cent-trente jeunes gens suivaient fidèlement leurs maîtres bien aimés, conduits et soutenus sur la terre d'exil à L'Écluse, en Hollande, par celui qui en était et en reste toujours l'âme vaillante, estimée de tous, le Très Cher Frère Évariste-Abel.

Nous n'avons pas à insister ici sur les conséquences désastreuses au point de vue économique que le départ des Fils de Saint-Jean-Baptiste de la Salle a fait éprouver à tous les Audomarois qui maudissent les expulseurs et nous dirons plus loin les regrets de la Paroisse du Saint-Sépulcre.

Clergé et fidèles redoublent de courage.

Au milieu de la tourmente, les Pasteurs veillaient, et dès octobre 1906, le Clergé du Saint-Sépulcre ouvrait de nouveau son école rue Taviel, sous la direction de maîtres laïques et chrétiens. Une *école maternelle* parfaitement installée rue Edouard Devaux remplaçait, en 1908, l'école du même genre que les *Religieuses de Notre-Dame de Sion* si merveilleusement secourables à toutes les classes de la Société dirigeaient, depuis près de vingt ans, avec un amour que les mères elles-mêmes de leurs chers petits protégés enviaient avec raison. Enfin, pen-

LA BARRICADE HISTORIQUE DE L'ÉGLISE DU SAINT-SÉPULCRE

JANVIER 1906

CLICHÉ SURELLE

dant que le *Pensionnat de Mlle Lartizien* confié à l'intelligente et pieuse direction de Mlles Carpentier possédait un chiffre d'élèves inconnu jusqu'alors, le bel établissement de la Sainte-Famille racheté par une société de généreux catholiques devenait à la fois le *Patronage paroissial* des garçons et le *Cercle de la Jeunesse Catholique de Saint-Omer* en marche vers le plus bel avenir.

Sa Grandeur Mgr Williez tint à venir elle-même, le 22 novembre 1908, procéder à la *bénédiction de la chapelle* et des différentes salles de la nouvelle maison d'œuvres. Au salut solennel qui suivit la cérémonie dans l'église du Saint-Sépulcre, *M. l'abbé Leclercq*, supérieur de Saint-Bertin et ancien aumônier de la vaillante Jeunesse, fut chargé de redire de sa voix convaincue et vibrante à l'élite de la paroisse groupée en rangs serrés au pied de la chaire, toute la réalité des espérances paroissiales.

En terminant l'attachante histoire du passé paroissial de l'Église du Saint-Sépulcre nous sommes heureux de reproduire ici le texte de *l'intrépide déclaration du dernier Conseil de Fabrique*, au jour de sa dissolution forcée, déterminée par la loi de séparation de l'Église et de l'État. En reconnaissance des services rendus par les Conseillers aux paroissiens dont ils furent toujours les fidèles et dévoués mandataires, nous y joindrons leur liste complète depuis 1830 et par ordre de nomination.

« *Le Conseil de Fabrique, réuni pour la dernière fois,*
« tient, au moment où ses fonctions lui sont enlevées,
« à consigner sur le registre des délibérations, l'expres-
« sion des sentiments qui ont inspiré et inspireront
« toujours sa conduite. Le Conseil s'est toujours consi-
« déré comme le mandataire de l'Église et l'auxiliaire
« du Curé-Doyen dans l'administration des biens de la

« Paroisse. Au moment où la loi civile lui impose la
« fonction de disposer de ces biens, le Conseil affirme
« sa volonté absolue d'obéir aux ordres de Sa Sainteté
« le Pape Pie X vicaire de Notre-Seigneur Jésus-Christ
« et chef visible de l'Église, et à ceux de Mgr Williez
« son Évêque. En conséquence, le Conseil déclare se
« refuser absolument à opérer aucune dévolution des
« biens paroissiaux dont il a reçu la garde. Si, victime
« d'une violence matérielle ou morale, il en est dépouillé,
« il ne s'en dessaisira que comme contraint et forcé et
« sans vouloir préjudicier en rien aux *droits* de l'Église. »

*Ont signé : MM. Désert, doyen ; de Monnecove, Dusau-
toir, de Laage, Darcque, Clarisse, Guilbert, Hébert,
Grossel et Monsterlet.*

*Liste des conseillers de la Fabrique du Saint-Sépulcre
par ordre de nomination :*

MM. Delalleau, Verdevoye, Bailly, Siriez de Bergues,
Masse, Deprey, Delbour, Merlan, le Baron Le Sergeant
de Monnecove, Delafollye, Fossier, Bloëme, Blanchard,
Roëls, de Chailan, Baron Moullart de Torcy, Vanden-
bogaerde, Daman, Lefeuvre, Clément, de Baudot, de
Cardevacque, Taffin, de Folard, Béthisy, Legrand,
Pley, Thilloy, Lœuillet, Albert de Monnecove, Leuil-
lieux, Clarisse, Depotter, Brunet, Bertrand, Fauvel-
Périllat, Engrand, Castier, Watel, Dusautoir, Lehembre,
Dolman, Marion Elie, Marion Paul, Maynier, Godin,
Jules Guilbert père, Hancquier, Duméril, Sturne, de
Laage, Darcque, Jules Guilbert fils, Hébert, Grossel et
Monsterlet.

Liste
des
Conseillers.
par
ordre de nomination

CHAPITRE XIII

Le territoire de la paroisse du Saint-Sépulcre était, avant la Révolution, plus étendu que celui des autres paroisses qui existaient alors, savoir : *Sainte-Marguerite, Saint-Denis, Sainte-Aldegonde, Saint-Jean et Saint-Martin.* Nous sommes heureux de pouvoir donner ici les résultats définitifs de la délimitation fixée par *Monseigneur l'Évêque d'Arras*, de concert avec MM. les Curés et leurs Conseils de Fabrique, au commencement du xxe siècle, à la suite du démantèlement de la ville [de Saint-Omer.

Aux noms des rues composant actuellement le territoire paroissial, nous ajouterons brièvement *les noms anciens* portés par ces mêmes rues et dont la variété à travers les âges évoque l'intéressant souvenir d'un curieux passé historique.

1° *Rue Allent* (numéros pairs) : *Allent*, audomarois. 1771-1837, Officier supérieur, Conseiller d'Etat et Pair de

Le Territoire
de la
Paroisse
du
Saint-Sépulcre
au
début du xxe siècle.

Noms
anciens et modernes
des rues
de la Paroisse
et
Souvenirs
historiques
qui s'y rattachent.

France. En 1793, la rue prit le nom de rue de *la Fraternité* — puis ceux de *Litte rue basse* et du *Marché aux herbes.*

2° *Rue de l'Anguille :* ainsi appelée à cause de ses détours, elle fut créée à travers le couvent des *Pauvres Clarisses.*

3° *Rue de l'Arbalète* (numéros pairs) : doit son nom à la Confrérie des grands arbalétriers de Saint-Georges. — Elle s'appelait jadis : *Becquestraete,* rue du Ruisseau.

4° *Rue de la Bergère :* rue percée à travers l'ancienne Communauté des *Sœurs Franciscaines* hospitalières dites du « *Soleil* ».

5° *Rue de Bergues :* la *barque* de *Bergues* venait faire ses chargements à son extrémité sur la rivière de l'Aa.

6° *Rue du Bon Mariage :* avant la Révolution, une chapelle dédiée à la Sainte Vierge, très honorée par les jeunes filles audomaroises sous le vocable de *Notre-Dame du Bon Mariage,* était située près de là, sur le rempart.

7° *Rue de la Brouette :* anciennement le siège de la corporation des ouvriers dits *brouetteurs.*

8° *Rue de Calais* (numéros impairs) : elle aboutissait avant le démantèlement à la porte de Calais. Elle s'appelait déjà rue *des Bouchers,* au XIIIᵉ siècle. Au-dessus de l'ancienne porte dite *de Saint-Sauveur,* s'élevait une grande croix, et on lisait à son fronton la devise « *Soli Deo gloria* », « *A Dieu seul, la gloire* ». Cette porte ouverte en 1634 quand on ferma la *porte Boulenisienne* située à l'entrée du Jardin public actuel, prit aussi le nom de *Porte Neuve* à partir de 1665.

9° *Rue des Carmes :* rue de l'*Union,* en 1793, elle longeait, avant la Révolution, l'ancien couvent des Carmes situé dans le haut de la rue de Dunkerque.

Noms
anciens et modernes
des rues
de la Paroisse
et
Souvenirs
historiques
qui s'y rattachent.

10° *Rue de Cassel* : en souvenir de la victoire rempor-
tée dans cette ville en 1677 par les Français sur les Espa-
gnols, victoire qui fit rentrer définitivement Saint-Omer
sous le domaine du roi de France Louis XIV.

11° *Rue des Chasseurs* : ainsi nommée à cause de sa
proximité avec la caserne d'infanterie où les *premiers
régiments des Chasseurs à pied* furent créés en 1840 par le
duc d'Orléans. — Jadis, rue de *la Flaque*, parce qu'elle
se trouvait dans la partie basse et marécageuse de la
ville.

12° *Rue du Clocheman* : *Le Clocheman* était à la fois
sacristain, sonneur et fossoyeur. Celui de la paroisse du
Saint-Sépulcre demeurait dans cette rue, qui s'appela
rue de la Cloche, en 1793, lors de la ridicule abolition de
tous les titres.

13° *Quai du Commerce* (numéro 1 au numéro 9) : créé
le long du canal de Neuffossé, à la suite du démantèlement.

14° *Rue des Corroyeurs* : qui y habitaient en grand
nombre. Cette rue s'appela successivement, *Reepstraete*,
de *la Basse Bouloigne* et de *la Comédie*, parce que les
Arquebusiers y établirent une salle de spectacle dans
leur *hôtel Sainte-Barbe* à la fin du xviiie siècle.

15° *Rue Courteville* : Le *Comte de Courteville*, lieute-
nant du maréchal d'Esquerdes au xve siècle, y possédait
un hôtel. — Appelée aussi *Reepstraete* et rue du *Pâté
d'anguilles*, à cause d'une enseigne d'auberge, de *la Re-
coussé* à son extrémité Est.

16° *Rue de Dunkerque* (tous les numéros pairs et les
numéros impairs à partir de 71) : portait le nom de
Tenne-Rue haute ou *des Carmes* jusqu'à la rue du Saint-
Sépulcre. — *Tenne-Rue basse* ou *des Capucins* jusqu'à la
rue *Guillaume Cliton*. — Rue du *Canon d'or, Livestraëte*,

de l'Amitié, et *du Ribeaudeau* jusqu'à l'ancienne place du *Haut-Pont* et *Mathurin*.

Pendant la Révolution elle devint la *rue de la Fédération*, et du conventionnel *Lepelletier de Saint-Fargeau*.

La rue du *Petit Hollande* et l'*impasse de l'Ancre*, qui donnent sur l'ancienne place du Haut-Pont, rappellent le souvenir de l'important trafic de Saint-Omer avec la Hollande par voie d'eau.

17° *Rue Édouard Devaux :* ancien quai des Tanneurs : la rivière dite aussi de l'*Erbostade* (le rivage d'au delà le bourg) aujourd'hui couverte, formait primitivement l'enceinte de la ville.

18° *Rue de l'Étoile :* partie de l'ancien hôpital des Religieuses dites du *Soleil*.

19° *Rue de la Gaîté* (numéros 15 à 21) : nouvelle rue créée près de l'ancien Jardin de la Gaîté.

20° *Rue de Garbe : Garbe, pharmacien et botaniste,* y cultivait ses plantes favorites dans un vaste jardin. Cette rue était appelée également rue de la *Cage aux poulets*.

21° *Rue Guillaume-Cliton : Comte de Flandre* qui, en 1127, confirma le premier, par un acte authentique, les libertés préexistantes et les franchises dont la ville de Saint-Omer était fière à juste titre.

Jadis cette rue s'appelait *du Damier* (enseigne d'un cabaret), de la rue Carnot à la rue Allent, et rue *du Mortier* (mortier doré d'un pharmacien) ou du gros piloir et aussi rue *des Juifs*, de la rue Allent à la rue de Dunkerque.

22° *Rue de Gravelines :* rappelle que *Gravelines* était par l'Aa le *port de la ville de Saint-Omer*, au moyen-âge.

23° *Rue Hector Piers :* nouvelle rue dédiée à la mémoire d'un historien audomarois du xixe siècle.

Noms anciens et modernes des rues de la Paroisse et Souvenirs historiques qui s'y rattachent.

24° *Rue Hendricq :* *Hendricq*, qui vivait à la fin du
xvie siècle, à Saint-Omer, a retracé avec beaucoup
d'exactitude l'histoire de son époque. La rue, autrefois
de *Bouloigne*, prit aussi les noms de *Levenstraët*, de
l'*Avoine*, et d'*Helvétius*, philosophe du xviiie siècle.

25° *Rue Jacqueline Robins :* Jacqueline Robins, née
sur la paroisse du Saint-Sépulcre, était une riche bour-
geoise audomaroise à la tête de l'entreprise des barques
allant de Saint-Omer à Wattendam et à Dunkerque. Excellente patriote, elle aida de ses deniers le roi de France
et réussit à mystifier à deux reprises différentes, par un
stratagème de guerre, les bandes Espagnoles qui ran-
çonnaient les environs de la ville. Mariée à *François de
Boyaval*, capitaine au régiment de Châteaubriand, elle
fut enterrée auprès de lui dans l'église Sainte-Marguerite,
alors paroisse de son dernier domicile. Jacqueline-
Isabelle Robins demeurait dans la maison du « Grand
Holland », aux numéros 203 et 205 actuels de la rue de
Dunkerque. L'inscription du socle de la statue de bronze
qui a été élevée à sa mémoire, en 1884, place du Vain-
quai, est donc fautive, quand elle donne l'héroïne
comme ayant ravitaillé la ville de Saint-Omer, en 1710,
pendant un prétendu siège qui n'a jamais existé. La rue
Jacqueline Robins s'appelait précédemment rue des
Léals ou du Loyal, rue du *Comte de Flandre* et rue de
la *Poulouche* (cuillère de bois dont les Sœurs du Soleil
se servaient pour distribuer la soupe aux pauvres).

26° *Rue Jean Derheims :* Jean Derheims a édité en 1843
une histoire générale de notre antique cité.

27° *Rue Le Sergeant :* M. *Le Sergeant de Bayenghem*,
1786-1842, Pair de France, fut Député et Maire de Saint-
Omer. Ancienne rue de la Commune. La partie haute
de cette rue a été ouverte après la Révolution à travers

les couvents des Capucins et des Pauvres Clarisses, et la partie basse porta longtemps le nom de Sainte-Catherine, nom d'un couvent établi en 1580, dont elle longeait le mur d'enceinte. — On l'appela aussi rue de la *Becque* et rue *Voltaire*.

28° *Rue de la Loi* : elle possédait sans doute autrefois un siège de juridiction et des officiers de justice.

29° *Rue Robert-le-Frison* : *Robert, dixième comte de Flandre*, guerroya en *Frise* (Pays-Bas) et dota la ville de Saint-Omer de près de mille hectares de terres situées dans ses environs. La rue a emprunté à deux enseignes dont la seconde existe encore au n° 2 actuel, les noms de *l'Ane aveugle* et de *la Lune*.

30° *Rue du Saint-Sépulcre* : Elle tire son nom de l'église paroissiale du Saint-Sépulcre à laquelle elle conduit. Appelée rue de la *Bienfaisance*, en 1793, à cause de l'hôpital général qui s'y trouvait, elle renferme une impasse dite du *Bayard*, puis de *Saint-Bruno*, patron et fondateur des Chartreux, qui possédaient un refuge et le collège des Bons-Enfants dans cette rue.

31° *Place du Saint-Sépulcre* : désignée sous le nom bizarre de Place *des Vivants*, pendant la Terreur, pour effacer le souvenir de l'ancien cimetière qui occupait tout l'enclos autour de l'église.

32° *Rue Sainte-Anne* : ainsi appelée à cause de la fondation par Anne de Noyelles, fille de messire Adrien de Noyelles, seigneur de Croix, en 1599, dans cet endroit, et au coin du cimetière du Saint-Sépulcre, d'un hospice destiné à recevoir un certain nombre de femmes âgées pouvant encore s'assister elles-mêmes.

Cet hospice ne fut installé dans la rue actuelle du Saint-Sépulcre, au n° 39, qu'au xix° siècle.

33° *Quai des Salines* (numéros pairs, 2 à 24) : un

important *dépôt de sel* s'y trouvait avant la création du canal de Neuffossé. De nombreuses *presses à fouler le drap* lui firent aussi donner le nom de quai *de la Foulerie.*

34° *Rue Simon Ogier : Simon Ogier*, poète latin, né sur la paroisse Saint-Sépulcre, dans la rue de Dunkerque, au n° 99, dans la maison du « blanc ram », mouton blanc, fut une des gloires les plus pures de sa ville natale.

Cette rue ne fut ouverte qu'en 1496 à travers l'hôtel du seigneur de Bèvres, elle porta successivement les noms de rue *Dépavée,* et, en 1730, de rue *des Pavés.*

35° *Rue du Soleil :* prit son nom de l'enseigne de la maison où les religieuses Franciscaines hospitalières s'établirent en 1578. — La Révolution la baptisa du nom du chef de bataillon *Beaurepaire.*

36° *Boulevard de Strasbourg :* Le *côté gauche* en allant de la rue de Dunkerque à la rue de Calais appartient à la paroisse du Saint-Sépulcre — Le *côté droit* fait partie de la paroisse de l'Immaculée-Conception des faubourgs, ainsi que les rues de Metz et de Belfort.

37° *Place Suger :* Etienne Suger, Abbé de Saint-Denis, près Paris, qu'une tradition fait naître à Saint-Omer, fut ministre du roi de France Louis VII et mérita d'être appelé le « *Père de la Patrie* ». — Cette place était connue, au xvie siècle, sous le nom de *place du Bourreau,* qui logeait non loin de là, puis sous ceux du *Mont Hulin,* de la *Placette,* du *Marché au bois,* et, en 1736, du *Marché aux chevaux.*

L'*impasse Sainte-Barbe,* occupait le fond de l'hôtel des arquebusiers de la rue des Corroyeurs.

38° *Rue Taviel :* Le *baron Taviel,* 1767-1831, très estimé de *Napoléon Ier,* fut général de division sous l'Empire.

Cette rue s'appela, rue du *Bon Pasteur,* et rue des

7

Pénitentes, communautés qui y étaient établies, et rue de la *Paix,* en 1793.

39° *Rue du Triqueballe :* dite aussi rue de la Coye... et rue du Petit Paon. On y déchargeait des bois amenés par la rivière des Tanneurs.

40° *Rue de Valbelle* (numéros 4 à 18) : Nos Seigneurs Louis-Alphonse, François et Joseph de Valbelle, tous trois Evêques de Saint-Omer, ont été les grands bien-faiteurs de la ville et spécialement de *l'hôpital général.*

Anciennement cette rue, siège de la corporation des *Vairiers* ou fourreurs, était connue sous le nom de rue du *Manteau fourré* et en dernier lieu de *l'Ecritoire.*

41° *Rue Vendriesse :* un fabricant de draps portant ce nom habitait cette rue.

Après avoir parcouru en détail, les rues de la paroisse du Saint-Sépulcre, dont les seuls monuments vraiment dignes d'intérêt sont les *Pensionnats de Saint-Joseph* et de *Notre-Dame de Sion,* l'Hôpital général et la Maison de Retraite des Frères des Écoles chrétiennes, dus à l'heureuse initiative de l'idée religieuse, revenons main-tenant au centre de cette intéressante agglomération, à *l'Église paroissiale* elle-même. Nous n'avons plus à insister ici sur sa description archéologique complète-ment traitée plus haut, mais il nous reste à l'étudier sous différents aspects plus importants encore que la question artistique et trop oubliés de nos jours par les fidèles.

Nous considérerons donc successivement *l'Église pa-roissiale :* 1° comme la *Maison de Dieu* sur la terre ; 2° comme le *Temple sacré de la Prière ;* 3° comme la *source vivifiante de la vie surnaturelle* pour les âmes ; 4° comme la *vraie maison de famille,* enfin 5° comme le *centre merveilleux et fécond de nombreuses et admirables œuvres sociales.*

Le voyageur qui entre à Saint-Omer par l'avenue de *Saint-Martin-au-Laërt* ou qui arrive de *Calais* par la voie ferrée, repose volontiers ses regards sur l'église du Saint-Sépulcre qu'il aperçoit au premier plan de la ville. Ce n'est pas seulement la devise sculptée sur son grand portail qui indique que ce monument est la maison de Dieu, mais *son superbe clocher* et sa gracieuse aiguille formant, depuis le xive siècle, comme un *trait d'union entre le Ciel et la terre* redisent à tous, que *l'église* qu'ils abritent de leur ombre protectrice est aussi la *porte du Ciel.*

La religion tout entière se trouve renfermée dans une idée unique, celle de la *Présence réelle* de Dieu au milieu des hommes, or cette présence réelle depuis la Cène Eucharistique à jamais mémorable du Jeudi-Saint, se trouve réalisée d'une façon toute spéciale par l'Amour de Notre-Seigneur-Jésus-Christ dans chaque *tabernacle* qui reste toujours le *centre* et la *raison d'être* de *toutes nos églises catholiques.*

Jésus-Christ a merveilleusement approprié cette présence aux exigences de notre nature. Il ne s'est pas tenu à l'écart de sa créature. Il a incliné les cieux et Il est descendu vers elle vérifiant, d'une manière parfaite, son beau nom d'*Emmanuel,* Dieu avec nous.

Néanmoins, tout est ménagé autour du mystère eucharistique pour exciter notre foi et en même temps la rendre méritoire, tout est adapté à notre état d'épreuve pour ranimer notre courage et en même temps l'exercer. Comme *saint Louis* invité à venir voir le prodige de la Sainte-Hostie apparaissant, à la « Sainte-Chapelle » de Paris, dans les mains du prêtre, au moment de l'élévation et aux yeux de tous les assistants, sous la forme d'un enfant d'une indicible beauté, redisons que notre foi n'a pas besoin de miracles et que chaque jour il nous suffit de voir notre divin Sauveur des yeux de la Foi en attendant les ineffables réalités de la Béatitude céleste.

D'ailleurs si le Divin Prisonnier d'amour se montrait à nous dans l'éclat de sa majesté, nous serions moins libres dans nos rapports, moins impressionnés par sa bonté que par sa grandeur. Et puis, le mystère convient si bien aux opérations du cœur humain. Le cœur, en effet, n'aime-t-il pas qu'on lui laisse à deviner, et à prouver ainsi sa confiance, n'aime-t-il pas qu'on se dérobe et qu'on lui réserve la joie de trouver. Loin de redouter l'ombre et le secret du tabernacle, il y goûte, un charme délicieux et comme le parfum de l'infini.

La présence réelle de Jésus-Christ au tabernacle, *c'est encore la présence d'un Père* au milieu de ses enfants, celle du Juste par excellence chargé de changer en miséricorde la Justice du Juge souverain légitimement irrité par les fautes de l'humanité, c'est enfin la présence essentiellement vivifiante qui, par elle-même et par les bienfaits qu'elle nous assure à l'Autel et à la Table-Sainte, nous entretient dans une activité toute surnaturelle. C'est alors que soustraits à la servitude de nos sens, de nos passions, de l'esprit du monde et entièrement maîtres de nous-mêmes, nous nous dirigeons par des voies sûres vers le Ciel, but que nous atteindrons certainement, si nous sommes fidèles.

Telle est la présence de Jésus-Christ dans le Très Saint-Sacrement. En dire la grandeur n'est-ce pas en même temps proclamer celle de l'édifice sacré où l'on vient en jouir.

Paroissiens du Saint-Sépulcre, vous l'avez donc compris, votre église est vraiment la maison de Dieu sur la terre et la majesté divine la pénètre et la remplit.

Écoutez l'illustre Conférencier de Notre-Dame de Paris, *le R. P. Monsabré*, célébrer devant un auditoire d'élite de *cinq mille hommes*, qui lui resta fidèle pendant plus de *vingt ans*, les merveilles opérées par les architectes chrétiens pour la gloire de l'humble et divine Hostie. *C'est pour la couvrir*, dit-il, d'une ombre protectrice, que les grands arbres de pierre se sont élevés vers les cieux et ont entrelacé leurs rameaux en voûtes à la fois élégantes et fières. *C'est pour la couronner*, que les murs, les chapiteaux et les frises se sont couverts de feuillages, de fleurs, de volutes et de mille ornements divers. *C'est pour fêter sa présence* que flamboient les fenêtres et les rosaces.

C'est pour lui faire la cour que *les peintres et les sculpteurs* ont peuplé, tour à tour, l'immensité du temple de figures, de symboles et de souvenirs parlants. Pour elle *les poètes* ont composé les plus belles hymnes, les musiciens ont créé les plus beaux chants, pour elle enfin *les voix* qui grondent, soupirent, murmurent, gémissent, éclatent et modulent à travers le monde, ont été concentrées dans la voix sublime et entraînante *des orgues*.

Cette description trouve sans doute surtout son application dans les merveilleux monuments du moyen âge, nos églises incomparables, la *Collégiale de Saint-Omer* et l'*église abbatiale de Saint-Bertin*, mais elle a aussi sa part de vérité dans l'*antique sanctuaire du Saint-Sépulcre*, construit par *les Croisés* et leurs fiers descendants, défenseurs intrépides non seulement du tombeau du Christ mais de l'Hostie vivante des tabernacles, la première source de leur généreuse vaillance.

CHAPITRE XIV

L'Eglise paroissiale est aussi le Temple sacré de la « Prière ».

L'Église paroissiale du Saint-Sépulcre, résidence divine, est aussi, avons-nous dit, le *Temple sacré de la prière*, et nous croyons utile de rappeler ici quelques notions succinctes sur les principales cérémonies liturgiques qui y sont célébrées.

Au premier rang des prières liturgiques apparaît *la Messe,* la *prière par excellence,* qui est le sacrifice non sanglant du corps et du sang de Jésus-Christ offert à Dieu sur l'autel sous les espèces du pain et du vin. Elle perpétue parmi nous le sacrifice de la Croix et nous en applique les mérites, et elle nous aide à rendre à la Majesté divine les devoirs d'adoration, d'actions de grâces, de réparation et de supplication qui lui sont dus.

La Messe prière par excellence.

L'importance de la Messe est telle que le paroissien qui, sans un empêchement majeur n'y assisterait pas chaque dimanche et les jours de fête d'obligation, se rend coupable d'une faute grave et ne mérite plus d'être considéré comme un catholique sincère. En effet, l'expérience est là pour constater que, sans l'audition hebdomadaire de la Messe, toutes les autres pratiques religieuses restent à l'état de lettre morte.

Parlons d'abord des messes basses qui se célèbrent régulièrement à 5 heures 1/2 de Pâques au 1er octobre, à 6 heures, à 7 heures, à 8 heures, à 10 heures 1/2 et à 11 heures 1/2. *Il faut y arriver à l'heure* et pour cela quitter son domicile en temps voulu, afin de pouvoir s'unir aux prières récitées par le prêtre au pied de l'autel. L'habitude contraire révèle bien peu d'esprit de foi et en même temps une maison mal réglée dont les membres partagent à des titres divers les responsabilités. *Il est aussi recommandé* d'avancer dans le haut de l'église ou de se placer au moins de façon à voir le célébrant à l'autel, question indispensable pour bien entendre la messe, surtout si, suivant un usage introduit par le seul respect humain, on prétend pouvoir se passer de livre.

Si *un missel* ou *un eucologe* complets ne sont pas nécessaires *aux hommes et aux jeunes gens*, il est à souhaiter que ces derniers aient tous entre les mains la collection des quatre volumes appropriés aux quatre parties de l'année liturgique, volumes de format très commode qui leur permettraient de suivre avec intérêt les cérémonies et les prières de l'église si pleines d'enseignement. *Quant aux dames et aux jeunes filles* vraiment chrétiennes, il ne faut pas insister longtemps auprès d'elles pour leur faire comprendre qu'un livre de messe n'est pas un simple accessoire de luxe mondain, et que les proportions lilliputiennes qu'une certaine mode tend à lui donner de nos jours, réduisent, avec le texte, la dévotion des lectrices, au lieu de l'éclairer et de la dilater par l'exposition si féconde de la sainte Liturgie.

La première partie de la Messe s'étend du commencement jusqu'au « *Credo* », elle constitue, pour ainsi dire,

Conditions dans lesquelles elle doit être entendue.

Utilité d'un livre.

La première partie de la Messe.

Préparation du sacrifice.

la *préparation du sacrifice*. Cette préparation s'accomplit d'abord par un colloque intime entre le célébrant et le servant, qui représente l'assistance entière ; colloque où tous deux implorent la miséricorde divine et s'humilient au pied de l'autel par la récitation du « *Confiteor* », prière qui, dite avec contrition, a la vertu d'effacer les fautes vénielles. Puis viennent après l'*Introït*, psaume qui donne le ton de la solennité que l'on célèbre, les neuf supplications du « *Kyrie* » « Seigneur ayez pitié de nous », si expressives dans leur concision, suivies immédiatement, quand la messe n'est pas célébrée pour les défunts ou aux jours de pénitence, par l'hymne angélique du « *Gloria in excelsis* », promettant la paix sur la terre aux hommes de bonne volonté. Les fidèles doivent s'unir de cœur et de bouche avec les hiérarchies célestes, tous les jours groupées autour des autels de la terre comme dans le Ciel, dans l'adoration éternelle de la majesté suprême.

Touchante Union des fidèles avec le Célébrant.

Au « *Dominus vobiscum* », le prêtre s'inspirant de l'amour du cœur de Jésus dont l'autel est la figure, baise la pierre sacrée et, se retournant vers le peuple, il le salue en lui souhaitant tous les biens que porte avec elle la présence du Seigneur. C'est alors que le peuple reconnaissant le salue à son tour par ces mots « *et cum spiritu tuo* » *Que le Seigneur soit avec votre esprit*, dit-il. Cette touchante union du célébrant et des fidèles dans une même prière se manifestera souvent au cours du saint sacrifice par le mot « *Amen* » « *Qu'il en soit ainsi* », conclusion des nombreuses oraisons de la messe. *Les collectes* ou oraisons se terminent ordinairement par une louange admirable de la Sainte Trinité, en ces termes : « Par N.-S. J.-C. votre Fils, qui avec vous vit et règne dans l'unité du Saint-Esprit, Dieu, dans tous les siècles des siècles », et elles varient selon la diversité des jours, des fêtes et des époques. *La lecture de l'épître et de l'évangile* unis par le graduel, le trait, l'*alleluia* et même une prose, a lieu successivement. *L'Épître*, tirée des lettres des Apôtres, se lit avant l'évangile parce qu'elle en est la préparation. *Quant à l'Évangile,* c'est un passage pris dans l'un des quatre Évangélistes et renfermant soit une instruction de Jésus-Christ, soit un de ses miracles, soit le récit de la partie de sa vie dont on honore ce jour-là la mémoire.

Les fidèles doivent se tenir debout pendant la lecture de l'Évangile par respect pour la parole divine dont ils se déclarent ainsi prêts à suivre avec docilité tous les salutaires enseignements.

Un usage trop négligé par un certain nombre, souvent par respect humain, veut que les assistants se signent en même temps que le prêtre, au début de l'Évangile, au front pour indiquer qu'ils ne rougissent pas de la doctrine catholique, sur les lèvres pour affirmer qu'ils sont prêts à la proclamer et sur le cœur pour témoigner qu'ils l'aiment véritablement.

La courte instruction qui suit l'Évangile et où le Clergé développe familièrement aux messes basses le dogme et la morale catholiques *a une importance capitale.* Un des grands maux de l'époque contemporaine c'est *l'ignorance religieuse,* et les allocutions pratiques de la chaire chrétienne ont pour mission de remédier à ce fléau qui en entraîne une foule d'autres. Mais les fidèles de la paroisse du Saint-Sépulcre se rappelleront surtout qu'il ne suffit pas d'entendre la parole de Dieu mais qu'ils doivent aussi se l'approprier et la mettre en pratique, et loin d'assister de préférence le dimanche à une messe basse où les exigences d'un service surchargé et d'un

Lisons
le
Saint Evangile.

Nécessité
d'entendre
la parole de Dieu.

personnel trop peu nombreux, ne permettent pas la prédication, ils rechercheront toujours *le paternel entretien de leurs prêtres* qui n'ont qu'une chose à cœur, le bonheur ici-bas et le salut éternel des âmes qui leur sont confiées.

Sentiments qu'inspire la récitation du « Credo ».

Rien de plus convenable de réciter ensuite *et debout* (malgré l'usage contraire établi par la routine) le « *Credo* » en signe d'adhésion aux paroles du prédicateur, et de faire en commun une profession solennelle de la Foi catholique. *N'oublions pas* que chaque parole de notre « *Credo* » est l'expression d'une vérité officielle révélée par Dieu à l'humanité. Pour chaque mot les plus éminents Docteurs de l'Église ont écrit les pages les plus sublimes, et des légions de martyrs ont versé leur sang pour en affirmer la vérité. Enfin, le « *Credo* » a été l'objet des méditations les plus profondes et les plus aimantes de tous les saints.

Les retardataires.

Paroissiens du Saint-Sépulcre, nous l'espérons, après avoir lu ces pages, vous n'excuserez plus *les retardataires* qui se croyaient en règle avec Dieu et leur conscience en arrivant seulement à l'église pour l'Évangile ou pour l'Offertoire. Vous avez certainement compris que, l'exact rendez-vous pour tous, c'est le moment de l'arrivée du prêtre à l'autel et qu'il est grave d'en prendre et d'en laisser avec le Dieu de l'Eucharistie souverainement bon sans doute, mais qui sera aussi le souverain Juge dans l'éternité.

Purifier le cœur, éclairer l'esprit, augmenter la foi et la piété, tel est le but de la première partie de la Messe.

CHAPITRE XV

Seconde partie de la Messe. Ce qui se passe à l'autel à l'Offertoire. —
Les pressantes invitations de l' « Orate fratres » et du « Sursum corda ».
— Les trois magnifiques prières qui précèdent la « Consécration ». —
Grandeurs sublimes du mystère qui s'accomplit à l' « Elévation ». —
La meilleure attitude recueillie, recommandée aux fidèles par le
Souverain-Pontife Pie X Lui-même. — Prières qui suivent l' « Eléva-
tion ». — Quatrième partie de la Messe. La Communion. — Disposi-
tions du Prêtre qui célèbre et des fidèles qui communient. — L'acte
d'humilité du Centenier. — La Communion spirituelle. — La dernière bénédiction. — La récitation par toute l'assistance des prières
après la Messe. — Devoir capital de la Messe. — Un mot aux Fonctionnaires de l'Etat neutre. — La question du repos hebdomadaire à
Saint-Omer. — La messe matinale des fervents de la « pêche ». —
Les objections des ouvriers audomarois.

Le sacrifice proprement dit commence avec l'Offertoire.
Le prêtre sanctifie alors et sépare du domaine des choses
profanes, par des oraisons particulières, le pain et le
vin, en les offrant à Dieu et en appelant sur eux la grâce
du Saint-Esprit. En offrant à Dieu le pain et le vin, la
pensée du prêtre se porte sur Notre-Seigneur Jésus-
Christ qui, bientôt, prendra leur place, et il s'offre lui-
même avec tous les assistants en union avec le sacrifice
du Sauveur qui va s'accomplir.

En se purifiant les doigts, le Célébrant indique les dispositions parfaites où il faudrait être pour mériter
d'offrir à Dieu le sacrifice de son Fils, puis il renouvelle
à la Sainte-Trinité l'offrande de l'hostie et du calice qui

doivent procurer sa gloire et aussi l'honneur des saints dont il fait mémoire à l'autel.

Les pressantes invitations de l' « Orate fratres » et du « Sursum corda ». Avertis par le Célébrant qui se retourne vers l'assistance et l'engage à redoubler de prières, par ces mots « *Orate fratres* » Priez, *mes frères* », les fidèles doivent alors réciter avec lui les différentes oraisons dites « *secrètes* », où les mystères de l'année ecclésiastique et le souvenir de l'oblation se pénètrent et se mêlent dans une variété admirable et une harmonie parfaite.

Enfin, le « *Sursùm corda* » « *En haut les cœurs* », voilà le mot d'ordre de la « Préface », l'hymne de la reconnaissance qui doit unir les voix du prêtre et de son peuple à celle des esprits célestes, et inviter l'assistance par le glorieux trisagion du *« Sanctus »* et l' *« Hosanna »* triomphal, à pénétrer avec ferveur dans la troisième partie de la Messe où, dans le silence du sanctuaire, le Célébrant va désormais à voix basse et d'une manière toute mystérieuse traiter les intérêts sublimes qui lui sont confiés.

Le signal donné par la clochette du chœur rappelant que la partie la plus solennelle de la Messe, *le Canon*, la partie réglée, c'est-à-dire celle dont le rite sacré est resté invariablement le même depuis les premiers siècles de l'Eglise, vient de s'ouvrir, tous sans exception doivent se mettre à genoux immédiatement. Attendre pour cela le coup de clochette de l'élévation, c'est, on l'a dit avec raison, ne se décider qu'au coup des paresseux. Que l'on ne vienne pas alléguer ici une coutume invétérée. L'esprit de foi et la bonne volonté des Paroissiens auront à cœur de la faire disparaître.

Les trois magnifiques prières qui précèdent la « Consécration ». *Trois prières magnifiques* qu'on ne saurait trop méditer précèdent la Consécration.

Dans la première, le Célébrant, par voie de supplication, applique le Saint Sacrifice à l'Eglise militante tout entière, et spécialement au Souverain-Pontife régnant, à l'Évêque diocésain et aux fidèles qui ont demandé la célébration de la Messe, sans oublier les assistants présents, dont, dit-il à Dieu, vous connaissez la foi et la piété.

Espérons que tous dans l'auditoire, méritent à un certain degré ce consolant éloge. Puis il fait solennellement mémoire de l'Eglise triomphante au Ciel, de la Très Sainte Vierge Mère de Dieu, des douze Apôtres et de douze martyrs des premiers siècles.

Dans la seconde prière, le prêtre demande pour cette vie, la paix, et pour l'autre le salut éternel, qui constitue la grâce des grâces et le but de la vie. C'est en effet Notre-Seigneur Jésus-Christ Lui-même qui a dit « A quoi sert à l'homme de gagner l'univers entier s'il vient à perdre son âme ».

Quant à *la troisième oraison,* elle est une introduction immédiate à l'acte de la consécration, à la transsubstantiation du pain et du vin au corps et au sang de Jésus-Christ et elle indique que le changement qui va avoir lieu se fait pour nous, pour notre utilité et notre salut.

Voici que le moment solennel par excellence est arrivé. Le prêtre, au nom de Jésus-Christ Lui-même, prononce sur le pain et sur le vin ces paroles toutes puissantes *« Ceci est mon corps ; ceci est mon sang ». Il parle,* et au moment même toute la substance du pain et du vin disparaît pour faire place au corps et au sang du Sauveur; et cela sans aucun changement apparent, car par une division au-dessus de l'ordre naturel, les apparences sont séparées de leur sujet et se soutiennent miraculeusement. *Il parle,* et ce même corps du Christ voilé

Grandeurs sublimes
du mystère
qui s'accomplit
à
l' « Elévation ».

par les espèces sacramentelles, y demeure tout entier à la fois dans toute l'hostie sainte et dans chaque partie sensible. *Le prêtre parle enfin*, et le Fils de Dieu sans quitter le séjour céleste, par une ineffable merveille de sa toute-puissance, se trouve en même temps sur la terre, livré à la discrétion de ses ministres comme une auguste victime immolée pour les péchés du monde.

Le célébrant se prosterne alors en adoration et élève successivement aux regards de tous l'hostie divine et le calice du Seigneur, pour bien indiquer que *Jésus-Christ est l'unique médiateur du ciel et de la terre*, pendant que retentit la cloche du sanctuaire et que le peuple adore le mystère de l'autel réalisant à la fois le touchant mystère de Bethléem et le drame douloureux du Calvaire.

Faisons remarquer que le Souverain-Pontife Pie X, afin d'augmenter la foi des fidèles, ayant accordé 300 jours d'indulgences à ceux qui regardent la Sainte Hostie et le Calice pendant leur double élévation, en disant comme l'Apôtre saint Thomas dans le Saint Evangile *« Vous êtes mon Seigneur et mon Dieu »*, tous les assistants au lieu de rester constamment inclinés pendant les deux élévations, sont invités à tourner deux fois leurs regards vers l'autel et à redire deux fois cette formule d'adoration, suivie chaque fois d'une profonde inclination. Quelle adoration, quel recueillement, quelle componction peuvent suffire à la pensée que Jésus est là présent et qu'il y est pour nous. *Chrétiens distraits*, chassez donc vos inutiles préoccupations et concentrez votre esprit et surtout votre cœur sur Celui que les élus brûlent de contempler dans les parvis célestes. *Et vous chrétiens coupables*, hâtez-vous de vous convertir, laissez-vous toucher par le regard d'amour du Divin Maître et n'imitez point les Juifs déicides blasphémant leur innocente Victime jusque dans son immolation sur la Croix.

Dans les trois oraisons qui suivent la Consécration, le Célébrant fait d'abord à Dieu, *l'oblation* de la divine Victime présente sur l'autel et mystiquement immolée, puis *la commémoraison* de l'Eglise souffrante du Purgatoire, demandant au Seigneur qu'il daigne accorder aux fidèles trépassés et spécialement aux âmes qui lui ont été recommandées, un lieu de rafraîchissement, de lumière et de paix. Enfin, après avoir prié pour les défunts, *il sollicite* pour tous les assistants et pour lui-même la *récompense du Ciel* obtenue par un sincère repentir.

Le tout se termine par une *seconde élévation* des Saintes Espèces accompagnée de différents signes de croix avec l'affirmation par le prêtre que toute la gloire reçue par Dieu, il la doit à Jésus-Christ et que toute la gloire rendue à son Père par Jésus-Christ, il la Lui rend en se faisant sa victime et en immolant avec Lui tous les fidèles qui sont ses membres vivants par sa grâce et qui agissent par son Esprit.

Pour compléter le divin sacrifice, il faut qu'il y ait manducation et cette manducation sera la *Communion*.

Comment se mieux préparer à ce grand acte que par la récitation commune de l'*Oraison dominicale*, la prière composée par Notre-Seigneur Jésus-Christ Lui-même, prière souverainement efficace puisqu'elle nous vient de Celui qui scrute les profondeurs de l'homme et de Dieu et sait dans quels termes la créature indigente et faible doit s'adresser à son Créateur. Le *« Pater »* dans sa brièveté est néanmoins *extrêmement complet* et ses sept demandes renferment tout ce qui peut être demandé par la créature à l'égard de Dieu, du prochain ou d'elle-même. *La prière* du « *Notre Père* » nous rappelle que nous sommes tous les enfants d'un même Père, qui après avoir glorifié Dieu sur la terre en observant ses commandements, auront droit au même héritage de l'éternel bonheur, et elle est de plus à la fois le mémorial et l'exercice des plus belles vertus chrétiennes : l'humilité, la religion, la foi, l'espérance et la charité.

Après avoir sollicité de l'Agneau de Dieu, Notre-Seigneur Lui-même, le *grand bienfait de la paix*, qu'Il est venu apporter au monde, paix avec Dieu par la pureté de conscience, paix avec nous-mêmes par la mortification de nos passions et paix avec le prochain qui dissipe toute haine et toute froideur, le Prêtre récite plusieurs prières pour achever sa préparation au grand acte de la communion qu'il a seul le bonheur de faire sous les deux espèces du sacrifice Eucharistique.

C'est alors qu'a lieu également la communion des fidèles, précédée du « *Confiteor* » et de l'absolution du prêtre, ayant tous deux, comme sacramentaux, la vertu d'effacer les fautes vénielles qui feraient encore ombre dans les âmes pour la venue du divin Soleil eucharistique.

La triple formule de l'acte d'humilité, empruntée au Centenier de l'Evangile « Seigneur, je ne suis pas digne », formule que tous les assistants sans exception doivent répéter, en ce moment, en se frappant la poitrine, retentit à travers l'église au milieu d'un silence émouvant, et bientôt chacun des heureux élus du banquet divin entend prononcer pour lui le consolant souhait « *Que le corps de Notre-Seigneur Jésus-Christ garde votre âme pour la vie éternelle. Ainsi soit-il* ».

Pourquoi cet immense bonheur ne serait-il pas partagé **plus souvent** et par un plus grand nombre d'âmes, selon **le désir du Souverain-Pontife Pie X**, interprète autorisé et remplaçant du Sauveur sur la terre, comme nous le dirons plus loin ?

A défaut de la communion sacramentelle, ne manquons pas de communier spirituellement : Faisons pour cela un acte de foi bien senti à la présence réelle, désirons vivement recevoir Celui qui est la source première de tous les biens et redisons-lui notre amour reconnaissant.

La Communion spirituelle.

La dernière partie de la messe est consacrée entièrement à l'action de grâces, et, après les oraisons dites de la Postcommunion, le Prêtre confirme par une bénédiction qui s'étend à toute l'assistance les grâces de choix obtenues pendant l'auguste Sacrifice qui s'achève.

Remarquons que la dernière bénédiction ne doit pas être un signal de départ pour les paroissiens, le dernier évangile qui est ordinairement celui de *saint Jean*, mérite toute notre attention pour le sublime exposé qu'il nous donne de la génération éternelle, de la toute-puissance et de la divinité du Verbe fait chair pour notre salut. C'est sur cet évangile que *les princes prêtaient autrefois le serment* et les fidèles aimaient à le porter sur eux, à s'en servir comme d'un préservatif dans les tentations et les maladies et même à le faire déposer dans leur sépulture.

La dernière bénédiction.

Depuis plusieurs années, les Souverains-Pontifes ont ordonné d'ajouter aux messes basses dont nous venons de parler, la récitation du « *Salve Regina* » et d'une oraison avec trois fois l'invocation « *Cœur Sacré de Jésus, ayez pitié de nous* ». — *Ces prières* supplémentaires demandées en raison des épreuves présentes de la Sainte Eglise *doivent être récitées à haute voix par tous les assistants*, en latin ou en français, et l'union franche et résolue des voix dans la prière commune est le meilleur

La récitation par toute l'assistance des prières après la Messe.

indice de l'union des cœurs dans les paroisses ferventes. *Puisse la paroisse du Saint-Sépulcre être toujours du nombre de ces dernières.*

Devoir capital de la Messe.

L'assistance à la messe étant un devoir capital et urgent pour tous les catholiques, on se demande parfois comment un trop grand nombre de paroissiens du Saint-Sépulcre, surtout dans la classe ouvrière, s'en exemptent si facilement ?

Un mot aux Fonctionnaires de l'Etat neutre.

L'ignorance de la religion et *des choses de la foi*, y est d'abord pour beaucoup, mais l'indigne et lâche respect humain en est surtout la première cause. *Fonctionnaires de toute catégorie*, ne savez-vous donc pas qu'il est écrit au frontispice de la loi de Séparation « *La République assure la liberté de conscience. Elle garantit le libre exercice des cultes* ». Les trembleurs n'ont donc aucune excuse et le tribunal de l'opinion publique vient se joindre à la voix vengeresse de leur conscience qu'ils ne sauraient jamais complètement étouffer, pour leur rappeler qu'en manquant à la messe, non seulement ils ne sont plus honnêtes devant Dieu, mais qu'ils portent les fers d'un esclavage indigne de l'ère de liberté officiellement proclamée au xxᵉ siècle.

La question du repos hebdomadaire à Saint-Omer.

Les commandements de Dieu et de l'Eglise et la loi civile à l'égard du repos hebdomadaire sont relativement bien observés, dans notre ville de Saint-Omer, pour le plus grand bien matériel de tous, et, sauf quelques corporations obligées de rester les victimes des exigences des progrès mêmes de la vie sociale, les ouvriers ont leur liberté le dimanche. De 5 heures 1/2 à 11 heures 1/2, *il est donc facile à tous ceux qui ont un peu de bonne volonté,* de trouver la *demi-heure* nécessaire pour remplir leur devoir religieux et l'expérience est là pour prouver que la bonne conscience du devoir accompli donnera un

nouveau charme à tous les autres délassements légitimes de la journée.

La messe matinale entendue ne serait-elle pas une sauvegarde de plus pour les voyageurs du dimanche et
pour les ouvriers, pêcheurs intrépides de la première
heure, qui auraient ainsi plus de droits à obtenir de la
divine Providence, dans les cours d'eau de Clairmarais,
de Watten ou du Bachelin, la pêche miraculeuse du lac
de Galilée.

*Enfin, la première responsabilité revient aux mères et
aux épouses,* dans les familles ouvrières, car si elles ne
donnent pas elles-mêmes l'exemple (sauf, bien entendu,
les cas où leurs devoirs d'état les en empêchent for-
mellement) elles perdent toute autorité pour engager
leurs maris et leurs enfants à venir à l'église. Or, sans
cette démarche hebdomadaire, la famille ouvrière n'a le
droit d'attendre de Dieu ni prospérité matérielle ni vrai
bonheur ici-bas.

Signalons aussi le peu de valeur de l'objection al-
léguant la pénurie de vêtements convenables pour
paraître décemment dans l'église, car les habits nécessaires qu'on dit ne pas posséder pour aller à la messe,
sortent comme par enchantement des armoires aux
jours de fête et de deuil des familles, sans oublier les
fêtes communales ou même les simples après-midi des
lundis régulièrement chômés.

La Messe matinale
des fervents
de la « pêche ».

Les objections
des
ouvriers audomarois

CHAPITRE XVI

La grand'messe célébrée pour les paroissiens. Parmi les messes célébrées à la paroisse du Saint-Sépulcre, chaque dimanche, *la grand'messe* tient le premier rang par ses cérémonies imposantes et significatives qui disent mieux à Dieu notre reconnaissance et nous rappellent davantage la sublimité de l'adorable mystère de nos autels. De plus, le Clergé a le devoir de dire spécialement cette *messe aux intentions de toute la paroisse*. La majorité de cette dernière devrait donc s'y donner rendez-vous. Sans doute les jours de grande fête un auditoire très complet envahit les vastes nefs, désireux de s'associer à l'allégresse générale de la famille paroissiale, mais, les dimanches ordinaires, cette grand'messe est relativement trop peu fréquentée. Si l'harmonie et la puissance des chants liturgiques, si la splendeur des décorations et des ornements, varient nécessairement selon le degré des fêtes, la grand'messe comporte toujours certaines cérémonies spéciales pleines d'enseignements qui devraient la faire rechercher de préférence par les vrais fidèles.

C'est en effet à la grand'messe qu'ont lieu la *bénédiction de l'eau et l'aspersion des fidèles*, préparant l'assistance au sacrifice par excellence qui réclame les plus saintes dispositions à la fois du célébrant et des paroissiens. C'est à la grand'messe qu'à quatre reprises différentes *l'encens, symbole de la prière* partant d'un cœur embrasé d'amour, remplit le sanctuaire de ses nuages odoriférants pour honorer tour à tour l'autel, l'évangile, le prêtre, les saintes espèces et même les fidèles, membres et temples de Jésus-Christ par la réception des sacrements. C'est à la grand'messe, qu'*au prône*, le prêtre adresse d'abord à Dieu des prières pour l'Eglise universelle et les Chefs de sa hiérarchie sainte, pour les bienfaiteurs de la paroisse, les membres vivants et défunts et aux intentions de tout le peuple chrétien. Puis viennent *la publication des bans de mariage*, l'énumération des différents offices et solennités de la semaine et les prescriptions qu'ils entraînent, enfin la lecture des documents émanés de l'autorité ecclésiastique, par exemple les encycliques du Souverain-Pontife et les lettres et mandements de Monseigneur l'Evêque. Le prône se termine par *une instruction simple et familière* sur une des vérités de la Religion ou un passage de l'Evangile. Ceux qui s'y montrent assidus, y acquièrent toutes sortes de notions qui entretiennent, rectifient ou complètent leurs connaissances religieuses, tandis que la négligence en cette matière compte parmi les causes de l'affaiblissement de l'état religieux.

Chaque jour de nouvelles erreurs, ou plutôt *de nouvelles formes d'erreurs* se produisent et les fidèles ont besoin d'être mis en garde contre elles, et par conséquent d'écouter ceux qui ont reçu la divine mission de les dénoncer et de les réfuter.

Cérémonies qui lui sont spéciales.

Le chant
à
l'unisson.

Les enthousiasmes
de
notre « Credo »
séculaire.

On ne saurait trop engager les assistants à s'unir aux chants relativement faciles du « *Kyrie* », du « *Gloria* », du « *Credo* », du « *Sanctus* » et de l' « *Agnus Dei* », ce serait répondre pleinement aux désirs du Souverain-Pontife *Pie X* qui, dans un « *Motu proprio* » récent, a rigoureusement proscrit des églises la musique mondaine et théâtrale pour rendre au *chant à l'unisson* la place d'honneur traditionnelle qu'il occupait dès les premiers siècles du Christianisme.

Rien de plus émouvant par exemple, que d'entendre chaque année à Notre-Dame de Paris, à la clôture de la retraite pascale, trois à quatre mille hommes qui s'apprêtent tous à recevoir la Sainte Eucharistie, chanter d'une seule voix et d'un seul cœur *le glorieux* « *Credo* » catholique qui retentit sous les voûtes de nos églises depuis l'ère des martyrs. *Paroissiens du Saint-Sépulcre, soyez donc fiers de votre* « *Credo* » et en le redisant avec un invincible enthousiasme, souvenez-vous qu'il a été *le code* de toutes les libertés bienfaisantes introduites peu à peu avec lui dans la société païenne et dont il a opéré le renouvellement, en même temps que *l'hymne* des plus nobles combats et des plus merveilleuses victoires. Enfants et adolescents, femmes et jeunes filles qui constituez présentement la majorité des assistants de la grand'messe, c'est à vous qu'il appartient de convier le plus souvent possible, vos pères, vos époux et vos frères à la plus solennelle et la plus touchante des supplications paroissiales.

La grand'messe, en un mot, c'est bien la *réunion de famille par excellence,* et le *pain bénit* que l'on y distribue à l'assistance, tout en étant le mémorial des agapes des premiers siècles du christianisme, est, avant tout, un gage de paix, de fraternité et d'union. Ce pain bénit offert, à tour de rôle, par les paroissiens aisés, remet, en qualité de sacramental, les péchés véniels à tous ceux qui, étant *en état de grâce,* le mangent avec une foi véritable et un regret sincère de leurs fautes.

L'office des vêpres qui, dans les premiers siècles de l'Eglise, se célébrait à la tombée de la nuit, a lieu dans sa forme actuelle depuis *le IX° siècle* et comprend cinq psaumes et autant d'antiennes, le capitule, une hymne, un verset, le cantique du « *Magnificat* » et son oraison. Ces différentes prières varient selon les fêtes célébrées et le ton de leur chant est plus ou moins solennel. Quand les assistants prennent part à ce chant relativement facile, *cette supplication commune* devient véritablement imposante et les paroisses devraient avoir à cœur de l'exécuter d'une façon aussi édifiante que dans les communautés religieuses où elle réalise si bien la *prière familiale.*

Chantées ordinairement à trois heures, les vêpres de la paroisse du Saint-Sépulcre trouvent, comme partout, un obstacle à leur fréquentation, dans *les repas de famille* forcément prolongés, surtout dans la classe ouvrière où ils commencent très tard, et dans les *promenades hygiéniques* en parfait accord avec le repos si légitime du dimanche. L'expérience est là cependant pour prouver que, *dans la bonne saison, l'assistance aux vêpres* laisse encore aux promeneurs d'agréables loisirs, et que durant le semestre maussade auquel nous devons nous résigner dans notre région, la Faculté de médecine, dans l'intérêt de la santé de ses clients, doit reconnaître que le concert spirituel des vêpres leur sera plus favorable que le concert artistique, tout mélodieux qu'il soit, exécuté au milieu des *intempéries hivernales du Jardin public.*

Bienfait inestimable de la Bénédiction du Très Saint-Sacrement.

La présence aux vêpres s'impose tout particulièrement *les jours de grande fête* et quand une prédication spéciale y est annoncée en faveur d'une œuvre charitable.

Enfin et surtout la pensée de recevoir la bénédiction du Très Saint-Sacrement, doit déterminer les vrais paroissiens à ne manquer cet exercice que dans le cas de force majeure. En effet, cette *Bénédiction du « salut »* qui complète les vêpres, au milieu des chants, des fleurs, des lumières, de la suave odeur de l'encens, et qui s'étend sur le peuple respectueusement prosterné, n'est-ce pas une *amende honorable* pour expier l'ingratitude et l'oubli de tant de mauvais chrétiens. Jésus-Christ en personne sort de son tabernacle pour nous bénir Lui-même et nous combler de ses faveurs, allons à lui avec confiance, car le Dieu irrité du Sinaï a fait place ici au Dieu qui oublie sa puissance pour ne laisser triompher que son amour.

Heureux entre tous, les paroissiens privilégiés du Saint-Sépulcre qui peuvent chaque jour de la semaine recevoir cette divine bénédiction pour eux-mêmes, pour leurs familles et pour la paroisse entière retenue loin de l'église par d'absorbants devoirs d'état.

Le Chemin de la Croix doit être la dévotion par excellence de la Paroisse du Saint-Sépulcre.

L'exercice du Chemin de la Croix mérite également ici une mention spéciale parmi les prières communes faites à l'église. Le chemin que notre divin Sauveur parcourut sous le pesant fardeau de sa croix depuis le palais de Pilate où il fut condamné à mort jusqu'au sommet du Calvaire où il fut crucifié, a été dès l'origine l'objet de la vénération des fidèles. *Les difficultés que présente le voyage en Palestine,* ont engagé l'Eglise, sur l'instante demande des Religieux Franciscains, à multiplier les représentations des différentes stations du chemin de la croix et à attacher à ces représentations les mêmes in-

VUE PANORAMIQUE DE LA PAROISSE DU SAINT-SÉPULCRE

dulgences considérables que les pèlerins pouvaient gagner en visitant personnellement les stations de Jérusalem. *Ces indulgences* sont applicables aux âmes du purgatoire. C'est sous le pastorat de *M. le chanoine Doublet* que le chemin de croix actuel a été inauguré par *M. le chanoine Depotter*, enfant de la paroisse, et alors vicaire général d'Arras. Quatorze petites croix en bois se trouvent placées au bas de chacune des fenêtres dont les splendides vitraux parlent éloquemment aux âmes, dans la pleine lumière du jour ou sous les feux mystérieux du soleil couchant. *Entre toutes les paroisses de Saint-Omer, celle du Saint-Sépulcre* a reçu la mission, depuis ses origines, de compatir aux souffrances de Jésus crucifié et d'entrer généreusement à sa suite dans *l'esprit de réparation* qui s'impose plus que jamais de nos jours à notre société contemporaine. Il est à souhaiter qu'à la suite de Marie, mère de douleurs, de *saint Jean*, le bienaimé, de *Véronique* et de *Simon de Cyrène*, un plus grand nombre de nos paroissiens s'attachent de temps en temps aux pas de notre Adorable Sauveur afin d'obtenir par sa croix triomphante la résurrection des âmes pécheresses si malheureuses loin de Dieu.

CHAPITRE XVII

Le baptême à l'église paroissiale et ses conditions.

Temple de Dieu et de la prière, l'église du Saint-Sépulcre est également une source vivifiante de vie surnaturelle pour les âmes.

C'est d'abord dans le *gracieux baptistère*, décrit plus haut, que les petits enfants, le meilleur espoir de la paroisse, doivent être présentés, *sitôt leur naissance,* pour y recevoir le sacrement qui efface en eux la faute originelle et les rend chrétiens enfants de Dieu et de l'Eglise. *Le baptême* est le premier des sacrements, parce qu'on ne peut en recevoir aucun autre avant lui ; il est aussi le plus nécessaire, car personne ne peut être sauvé sans lui.

Les nouveau-nés doivent être apportés à la paroisse pour y être baptisés sans retard et sans différer au delà du *troisième jour.* S'ils se trouvaient en danger de mort, toute personne peut les baptiser à domicile, en versant de l'eau naturelle sur la tête de l'enfant et en prononçant en même temps ces paroles : « *Je te baptise au nom du Père et du Fils et du Saint-Esprit* ». Dans ce cas, aussitôt que l'enfant ondoyé est transportable, on doit l'amener à l'église pour suppléer les cérémonies.

Les catholiques seuls peuvent être *parrain et marraine ;* quand ces derniers sont des enfants, l'un des deux doit au moins avoir fait sa première communion et l'autre avoir sept ans et être instruit des principales vérités de la religion. Les Parrain et Marraine contractent avec l'enfant et ses Père et Mère *une sorte de parenté spirituelle* qui constitue un empêchement dirimant au mariage.

Ils ne doivent pas oublier qu'ils deviennent comme les père et mère des baptisés dans l'ordre du salut et qu'à ce titre ils ont le devoir de veiller à leur instruction et à leur éducation chrétiennes. *Que de parrains et de marraines* se croient libérés de tout autre souci, lorsqu'ils ont plus ou moins généreusement ouvert leur bourse pour les étrennes annuelles.

Enfin le nom ou les noms de baptême donnés en cette heureuse circonstance, doivent avant tout être choisis *dans le calendrier* ou *le martyrologe des Saints catholiques.* Ils rappellent à chacun l'obligation de tendre tous les jours de la vie à la sainteté jusqu'à l'heure suprême de l'éternelle récompense où protégés et protecteurs seront à jamais ineffablement unis dans la félicité parfaite de la divine Charité. « Mes enfants, disait il y a quelques années, à son lit de mort, une vénérable mère de famille de la paroisse du Saint-Sépulcre, parvenue à l'âge patriarcal, souvenez-vous toujours que je vous ai donné au baptême des noms de grands saints, afin qu'un jour, au Ciel, vous formiez ma couronne, avec le même titre que vos illustres Patrons ». *Pères et mères,* retenez cette sublime et touchante recommandation et perpétuez-la à vos chers foyers, où elle fera descendre l'abon-

Les
engagements sacrés
pris
par le parrain
et
la marraine.

Les leçons
et
les espérances
du
nom de baptême.

dance des bénédictions divines. *Et vous, enfants chrétiens,* faites honneur à votre nom de baptême, invoquez
chaque jour comme votre Ange protecteur votre saint
Patron ou votre sainte Patronne ; ce nom n'est pas,
comme le dit le langage ordinaire, un petit.nom, il est
au contraire *le grand nom,* le nom glorieux de votre
éternité. *Chaque année, au jour de votre fête* patrony-
mique, au milieu de la sainte effusion de l'affection des
vôtres, si réconfortante dans les familles vraiment
chrétiennes, examinez sincèrement devant Dieu si vous
avez toujours fait honneur à ce nom qui reste la source
de vos meilleures espérances. *Pour vous, mères chrétiennes,* quant au retour de l'église on vous présente
joyeusement votre enfant, baisez avec respect et amour
son front encore tout parfumé par l'onction du saint
chrême, et *promettez à Dieu* de Lui garder intact ce
trésor incomparable d'une petite âme chrétienne désormais héritière du royaume céleste.

**Cérémonie
de la
Confirmation.**

La tradition veut qu'une cérémonie générale groupe
à la Basilique Notre-Dame tous les. enfants de la ville
qui reçoivent ordinairement *le Sacrement de Confirmation* des mains de Sa Grandeur Monseigneur l'Evêque
d'Arras, au mois de juillet et pendant la neuvaine de
Notre-Dame des Miracles. Cependant, par une heureuse
exception, cette solennité a lieu *de temps en temps dans
l'église paroissiale du Saint-Sépulcre* et les confirmants
y sont admis, l'année même qui précède leur première
communion, pour y recevoir le sacrement qui leur donne
le Saint-Esprit avec l'abondance de ses dons et les rend
parfaits chrétiens. La réception de la Confirmation est
un acte très important qui aura son retentissement jusqu'au seuil de l'éternité. *Le Saint-Esprit* descend en effet
dans l'âme de chaque adolescent pour l'aider à soutenir

la triple lutte contre le monde, le démon et ses propres passions, à conserver intacts sa foi et ses mœurs au milieu d'une société incrédule et corrompue, et à suivre avec courage la voie providentielle à laquelle il est destiné ici-bas.

Le Saint-Esprit est la troisième personne de l'auguste Trinité, Dieu comme le Père et le Fils, ayant la même nature divine, procédant de l'un et de l'autre comme d'un seul principe et leur égal en toutes choses. C'est lui qui de ses divines ardeurs anime et vivifie le Ciel tout entier et lui inspire d'éternelles louanges à l'honneur du Tout-Puissant.

Sur la terre, c'est *l'Esprit Saint qui conduit et dirige l'Eglise* depuis sa divine fondation, lui donne ce courage, cette patience et ce calme admirables en face des épreuves parfois si terribles que lui font subir ses ennemis et continue par elle la sanctification des âmes. *C'est de son amour* que nous recevons les merveilleux effets des sacrements, effets que nous ne pourrons bien connaître et apprécier qu'au Ciel. *C'est encore à l'Esprit divin* qu'il faut attribuer ces inspirations si belles que reçoivent les âmes saintes, ces nobles sentiments et ces dévouements qui honorent l'humanité en même temps qu'ils sont la sauvegarde de la société. *Que de fois enfin le Saint-Esprit* frappe à la porte du pauvre cœur humain lors même qu'on ne veut pas lui ouvrir! Que de fois, n'écoutant que son amour et malgré les rebuts des âmes pécheresses, il revient et revient encore, cherchant à délivrer les pauvres captives du poids de leurs iniquités.

Les dons reçus au jour de la Confirmation sont :

1° *la Sagesse* qui nous communique au plus haut degré la connaissance et l'amour des choses divines. La vertu de justice l'accompagne et ses fruits sont la charité, la paix et la mansuétude.

2° *l'Intelligence* qui nous fait comprendre et pénétrer les vérités surnaturelles ; escortée de la Tempérance, elle produit la continence, la chasteté et la modestie.

3° *le Conseil* qui nous fait discerner avec certitude les meilleurs moyens d'arriver au Ciel. La vertu qui en résulte est la Prudence avec la paix comme principal fruit.

4° *la Force* qui nous donne le courage d'entreprendre de grandes choses pour Dieu et la confiance de les accomplir malgré les obstacles. Ses fruits sont la patience et la longanimité.

5° *la Science* qui nous fait distinguer dans les choses spirituelles le vrai du faux et le bien du mal. La vertu de mortification fondée sur la Foi l'accompagne.

6° *la Piété* qui nous remplit d'affection filiale pour Dieu et nous le fait honorer comme un père. La douceur, la bonté et la bénignité en sont inséparables.

7° *la Crainte* nous fait respecter Dieu comme juge et comme père, et fuir le péché qui nous priverait de Lui. L'humilité est la vertu qui la met en exercice.

Tels sont les sept dons reçus avec un caractère ineffaçable par chaque confirmant. Si en raison d'empêchement majeur quelqu'un n'avait pu recevoir ce sacrement dans sa jeunesse, c'est un devoir pour lui d'en solliciter la réception au plus tôt, quelque soit l'âge auquel il serait parvenu. Les retardataires seront toujours les bienvenus, et l'Esprit Saint saura réserver des grâces de choix pour leur bonne volonté. *Il est certain que si au milieu des luttes de la vie* et des persécutions de l'heure présente, les catholiques de France se rappelaient davantage le souvenir de l'inestimable trésor des dons du

Saint-Esprit qui reste toujours en leur possession, nous n'assisterions pas dans notre chère Patrie à tant de lâches et désolantes défections.

Paroissiens du Saint-Sépulcre, souvenez-vous donc toujours que l'Esprit de force et de vaillance est en vous, et que votre Évêque en vous confirmant vous a armés chevaliers du Christ et soldats de l'Eglise militante pour la victoire et non pour la défaite.

La Confirmation
nous arme
chevaliers du Christ.

CHAPITRE XVIII

Le Sacrement de Pénitence sa nécessité et ses bienfaits.

La divine bonté qui ne veut pas la mort du pécheur, mais sa conversion et sa vie, a institué *le sacrement de pénitence* pour ceux qui, depuis leur baptême, ont offensé Dieu gravement. L'Eglise fait *un précepte formel* de recevoir ce sacrement au moins une fois l'an. La même obligation pèse sur les fidèles qui sont en danger de mort et coupables de faute grave. Enfin, *la grâce sacramentelle* est souvent nécessaire pour vaincre les tentations, et si les âmes coupables vivent et languissent dans leur malheureux état sans recourir à ce divin remède, elles font injure à Dieu et s'exposent à mourir en réprouvées.

Voilà pourquoi les tribunaux de la pénitence dont le nombre doit se multiplier en rapport avec le chiffre de la population paroissiale, occupent toujours une place d'honneur dans nos églises.

C'est un fait d'expérience générale qu'une confession bien faite et qu'une absolution dûment reçue comblent l'âme d'une *paix ineffable* et d'une *intime joie.* La *confession,* *en effet, exerce sur les âmes* franchement chrétiennes une mystérieuse attraction, tandis que les multitudes ignorantes ou oublieuses de leurs devoirs éprouvent à son égard une sorte de frayeur ou de répulsion.

Sans doute la confession demande un effort, elle doit être à la fois humble, simple, prudente et entière, et la contrition qui l'accompagne doit de son côté être intérieure et surnaturelle, souveraine et universelle, mais, en raison même de cet effort généreux, elle a toujours été et sera toujours la vraie consolation de la pauvre humanité souffrante sur cette terre de passage et d'exil.

En instituant la confession, le Sauveur du monde a préparé dans la personne du prêtre, à tous les malheureux et à tous les coupables, un *confident discret, sûr, charitable, désintéressé, prêt à tous les dévouements.* Combien de découragés ont retrouvé l'espérance dans ces saintes confidences et sont devenus vaillants, combien de crimes ont été empêchés et de vies réhabilitées, combien aussi de joies ont été purifiées, contenues et sauvegardées.

Ce prêtre qui attend avec une patience inlassable tous ceux qui ont besoin d'être pardonnés, apparaît à la lumière de la Foi, entouré d'une auréole divine ; en effet, il possède sur les âmes une puissance et un droit incontestables, car *il tient la place de Jésus-Christ.* A peine sommes-nous agenouillés, à peine nous a-t-il bénis, qu'une grâce visite notre âme pour l'aider suavement à s'ouvrir. Dieu l'a pris parmi les hommes pour qu'il puisse compatir davantage aux faiblesses humaines qu'il doit travailler à guérir.

Le prêtre au saint tribunal est d'abord *un Père,* c'est d'ailleurs le nom que nous lui donnons avec confiance.

Le Prêtre au saint tribunal, image vivante du divin Bon Pasteur est d'abord un *père* plein de bonté.

Ce Père encourage et admire les merveilles de la grâce divine dans les âmes fidèles et rien n'est beau comme les opérations de l'Esprit de Dieu dans ses Saints ; ou bien, après avoir retrouvé en bon pasteur la brebis égarée parmi les épines, *il prie, il travaille, il souffre* pour obtenir du Ciel les secours qui relèvent et affermissent. *Que d'âmes doivent après Dieu*, à un prêtre qui prie et s'immole pour elles, la force qui les tient debout au milieu des luttes de la vie et une partie de la grâce qui les rappelle au devoir.

Il est aussi médecin des âmes, dont il a le devoir d'étudier les maladies spirituelles afin d'en conjurer pendant qu'il en est temps encore les déplorables effets ; soyons fidèles à ses prescriptions qui, suivies docilement, nous éviteront bien des malheurs.

Le prêtre est encore docteur. L'âme humaine aspire naturellement à la lumière, or le péché est une cause d'obscurcissement, et peu à peu il conduit à un aveuglement complet. Le sacrement de pénitence qui doit faire disparaître le péché, ramène donc la lumière et le confesseur qui aide et dispose le pécheur à le recevoir est, par là même, un porte-lumière, un docteur. *Ce docteur passe sa vie dans une étude constante ;* l'expérience fortifie son jugement et sa prière elle-même est encore une façon, non la moindre, de s'instruire dans les voies de Dieu et de se perfectionner chaque jour dans cet *« art des arts » qui est le gouvernement des consciences.*

Nulle part son enseignement n'est d'une application plus précise et plus immédiate qu'au confessionnal. *Lorsque la vérité tombe du haut de la chaire,* elle subit souvent le sort des semences jetées aux jours de grand vent, une foule de germes précieux s'égarent et sont perdus. On est si aveugle en matière spirituelle, si indulgent

Il est aussi
le compatissant
médecin
des âmes.

Il est encore
un
docteur autorisé.

Son enseignement
privé
est plus fructueux
que celui
de la
chaire chrétienne.

pour soi, on a l'oreille si dure aux avertissements qui réclament des sacrifices. Bien des auditeurs reconnaissent, au sermon, *les défauts du voisin*, mais il faut être bien humble pour y trouver les siens. Au saint tribunal, au contraire, la leçon est directe et personnelle. Comme autrefois le prophète, le prêtre nous dit : « *C'est vous,* » vous-même à qui je rappelle les devoirs et les droits sacrés de Dieu. *Ajoutez à cela la grâce du sacrement* tout imprégné du sang divin et vous comprendrez que l'homme s'efface plus facilement pour laisser apparaître le prêtre plus grand et plus uni à Jésus-Christ. Aussi les âmes qui ont le sens divin très développé, tiennent-elles en particulière estime, les lumières, les avis et les conseils qui leur viennent du tribunal de la pénitence.

Le prêtre confesseur *est enfin un juge,* et son jugement, ses décisions et ses avis ont un retentissement jusque dans l'éternité. Sans doute les péchés sont remis à ceux à qui ce juge miséricordieux les remet et ils sont retenus à ceux à qui il les retient, mais le pénitent a par avance l'heureuse conviction que c'est une sentence de pardon qui l'attend, s'il sait s'accuser sincèrement et réparer ses torts.

En résumé, la confession, par la plus douce communication de la grâce divine, nous guérit de la douleur de l'isolement ; *la contrition de son côté* par la plus suave componction nous guérit du mal redoutable de l'endurcissement, *enfin, l'absolution* nous donne la confiance absolue du pardon et par là nous guérit du ver rongeur du remords.

On voit parfois, à certaines époques comme la nôtre, les fidèles céder aux courants pernicieux qui les éloignent plus ou moins des tribunaux de la pénitence, mais quand les nuages des préjugés, des erreurs et des

Il est enfin un juge impartial miséricordieux avant tout.

Le courant qui éloigne du sacrement de pénitence.

passions se sont dissipés dans l'atmosphère de la vie morale et religieuse, *alors on revient à la confession comme au repos après l'orage.*

Paroissiens du Saint-Sépulcre, il appartient à votre vaillance chrétienne de hâter l'heure tant désirée de tous de l'accalmie bienfaisante. *Représentants des professions libérales, industriels, commerçants, patrons et patronnes,* n'hésitez plus à remplir ce que dans le langage de tous on appelle *le devoir,* et reconnaissez que le respect humain et une prétendue honnêteté ne sauraient tranquilliser vos consciences.

Fonctionnaires, lisez donc l'article second de la « *loi de séparation* » sur la liberté de conscience, et brisez les indignes entraves d'une peur qui asservit depuis trop longtemps déjà les âmes françaises.

Employés, ouvriers et ouvrières, vous qui peinez tant en ce monde, de grâce, ne refusez pas le bonheur que le pardon divin vous rendra avec les joies réconfortantes d'une conscience libérée de la tyrannie du péché.

La confession annuelle pour tous, la confession des grandes fêtes pour un grand nombre, la confession mensuelle pour les adolescents, la confession de quinzaine pour les âmes d'élite, qui d'après un récent décret du Souverain-Pontife, peuvent même, sans aucun délai fixé pour la confession, gagner toutes les indulgences plénières à la condition de faire régulièrement au moins cinq fois la sainte communion par semaine, voilà l'idéal que la bonne volonté de tous doit s'efforcer de réaliser.

Aux personnes de cette dernière catégorie qui, pour des raisons de vocation religieuse, de direction spirituelle et de plus grande sanctification, se confesseraient plus souvent, nous ajouterons ce dernier conseil : « La veille des fêtes, laissez entièrement libre l'accès du saint tribunal pour ceux qui ne s'approchent du sacrement de pénitence qu'en cette circonstance ». *Vous rendrez ainsi un utile service* à votre Clergé qui serait encore trop peu nombreux, même si ses rangs étaient doublés, pour atteindre toutes les âmes que son zèle désire rapprocher de Dieu.

Que les *patrons et patronnes,* que les maîtres et maîtresses de maison combinent enfin toutes choses pour que les dernières heures de la soirée soient surtout réservées à la confession de leurs domestiques et servantes ou de leurs employés. *Il est en effet d'expérience que la prospérité des familles et des ateliers.* est intimement liée à la sanctification de la jeunesse par la pratique régulière et fréquente des sacrements, sans laquelle il n'y a pas de persévérance chrétienne possible.

CHAPITRE XIX

*Résidence permanente de Jésus-Christ au saint taber-
nacle*, nous l'avons vu plus haut, l'église du Saint-
Sépulcre est aussi le sublime rendez-vous de la famille
paroissiale pour le banquet eucharistique où l'Auteur
même de la grâce met à la disposition des âmes fidèles,
sans exception, son corps, son âme, son sang et sa divinité, à la fois sources de vie surnaturelle ici-bas et
gages de vie immortelle dans l'éternité.

La
Sainte Eucharistie
Pain céleste
de l'âme.

Pain céleste de l'âme, la Sainte Communion conserve
et développe en nous la vie de la grâce. Elle est à la fois
le suprême honneur, le souverain bonheur et la plus
douce consolation des âmes. Elle nous divinise en
quelque sorte et par sa vertu purificatrice et expiatrice,
elle nous est un gage de la résurrection glorieuse.

Un catholique
n'est plus digne
de son nom
s'il ne communie pas
à Pâques.

*Il est absolument obligatoire de communier une fois par
an, 1° au temps de Pâques, 2° dans l'église de la paroisse à laquelle on appartient, sauf raison de force
majeure.* Telle est la loi de la sainte Église, notre Mère,
formulée comme il suit : « *Ton Créateur tu recevras au
moins à Pâques humblement* ».

« *Prenez et mangez* » *a dit Notre-Seigneur*, en instituant la Sainte Eucharistie, « *si vous ne mangez la chair du Fils de l'homme, vous n'aurez pas la vie en vous* ». Peut-on supposer un instant que l'homme puisse raisonnablement opposer un refus dédaigneux aux avances si touchantes de la miséricorde divine ? Peut-on alléguer les soucis des affaires ou les liens du péché trop pénibles à briser pour remettre à plus tard l'accomplissement du devoir pascal ? Qui donc est certain ici-bas d'un long avenir ? Dieu qui a droit non seulement aux prémices de la vie mais à la vie entière, n'aura-t-il pour Lui que les restes caduques et impuissants d'une existence profanée ? *Il ne suffit pas d'être honnête extérieurement* aux yeux de la Société, et les soi-disant honnêtes gens, en nombre si considérable de nos jours, savent intimement ce qu'ils valent devant le tribunal de leur conscience, *il faut avant tout être honnête à l'égard de Dieu* le Juge suprême et *à l'égard de son Eglise,* qui ne parle qu'au nom de l'autorité divine et pour le plus grand bien de ses enfants. *Arrière donc,* toute prétention au titre de catholique sincère quand, sous le couvert d'un prétexte quelconque et esclave d'un lâche respect humain, on n'a pas le courage de remplir son devoir pascal !

Les tribunaux de la pénitence largement ouverts chaque jour, matin et soir, et toute la journée des samedis, pendant un mois à partir du samedi qui précède le dimanche de la Passion jusqu'au deuxième dimanche après Pâques, le Clergé paroissial, les Prédicateurs et les Missionnaires de passage, tous les autres prêtres approuvés de la ville de Saint-Omer, qui peuvent, pour le bien des âmes, entendre les confessions des hommes et des jeunes gens, même à leur domicile particulier,

Facilité
du
devoir pascal.
Bonheur
qu'il procure.

voilà certes toute une organisation qui enlève aux paroissiens réfractaires ou retardataires, le prétexte de redire à l'exemple de l'infirme de l'Evangile : « *Je n'ai pas à ma disposition le médecin spirituel qui guérira mon âme* ». Pauvres prodigues, bien dignes de compassion, Jésus, ne l'oubliez pas, est toujours près de vous et à votre disposition dans la personne de ses prêtres.

La voix de la conscience chrétienne, elle aussi, vient nous rappeler qu'il faut faire ses Pâques et qu'on n'est chrétien qu'à ce prix. Elle nous dit que manquer à cet important devoir c'est être inconséquent avec soi-même, c'est fouler aux pieds la logique et le bon sens, c'est mériter de perdre toute considération aux yeux de ceux qui conservent la foi de leur baptême. On peut écrire ce qu'on voudra dans les journaux sectaires, on peut déclamer dans les réunions publiques et les loges maçonniques, on peut y raisonner et y déraisonner, *l'article solennel du Code Catholique ne saurait être modifié*, il sera toujours clair que si l'on ne fait pas ses Pâques, on cesse de vivre en chrétien.

On ne peut jamais étouffer complètement la voix de sa conscience.

D'ailleurs, n'en doutez pas, quand chaque année reviennent les fêtes de Pâques, *nos athées de commande et nos prétendus esprits forts*, ne sauraient échapper à la voix intime de leur conscience et à l'aiguillon du remords. *Restons donc fidèles* aux engagements d'honneur de notre baptême et de notre première communion et en retour, à Pâques, comme à Noël dans la nuit mémorable qui vit naître le Sauveur, nous pourrons faire nôtre, dans toute l'allégresse de nos âmes, l'encourageante promesse « *Paix aux hommes de bonne volonté* ». Rien, en effet, ne surpassera jamais ici-bas les délices de la Table sainte.

Puisse la communion pascale faite avec foi, repentir,

LA CHAPELLE DU CALVAIRE
A L'ÉGLISE DU SAINT-SÉPULCRE, LE VENDREDI SAINT

humilité et amour, conduire les Paroissiens du Saint-Sépulcre à une communion relativement plus fréquente. Que les grandes fêtes de l'année deviennent le rendez-vous eucharistique de ceux qui ne communient qu'une fois l'an ; de leur côté les habitués de ces fêtes voudront s'associer au banquet divin de la communion répara-trice du premier vendredi du mois. Il est à souhaiter, enfin, que les âmes vraiment pieuses s'efforcent d'intro-duire dans leur règlement de vie, les communions heb-domadaires et même quotidiennes.

C'est là l'un des désirs ardents du Souverain-Pontife Pie X qui, dans un décret récent, trace comme il suit les règles de la communion fréquente. « *La communion fréquente* et quotidienne très désirée par Jésus-Christ et l'Église Catholique, doit être accessible à tous les fidèles de tout rang et de toute condition, en sorte qu'on ne puisse en écarter personne qui, étant en état de grâce, s'approche de la sainte Table avec une intention droite et pieuse.

L'intention droite consiste en ce que celui qui s'ap-proche du banquet sacré, ne se laisse pas guider par la routine, la vanité et des motifs humains, mais se propose de satisfaire au bon plaisir de Dieu, de s'unir plus étroitement à Lui par la charité et de combattre par ce remède divin ses infirmités spirituelles et ses défauts.

Il est évident qu'il faut avoir soin de faire précéder la sainte communion d'une sérieuse préparation et de la faire suivre d'une action de grâces convenable suivant les aptitudes, la condition et les devoirs de chacun. »

Si, de tout temps, les Audomarois ont su vaillamment protéger l'intégrité de leur Foi contre les violences et les audacieuses négations de *l'hérésie Protestante*, ils ne se sont pas assez mis en garde contre *les pernicieuses et sournoises infiltrations du Jansénisme*, cette autre hérésie qui n'enlevait point Jésus-Christ du Tabernacle, mais qui, sous le prétexte hypocrite d'un respect exagéré, empêchait les fidèles de recourir souvent à la Sainte Communion. *Deux siècles ont passé* et nous souffrons encore au début du xxᵉ siècle de ce redoutable *refroidissement dans la charité divine*. Mais, *voici qu'une heure meilleure a sonné*, Notre-Seigneur Jésus-Christ qui n'a point voulu demeurer captif dans le sépulcre il y a deux mille ans, ne veut pas non plus rester un prisonnier inactif sur nos autels. Les révélations de son Cœur divin elles-mêmes nous l'ont appris, Il veut aller aux âmes et Il engage les âmes à venir à Lui dans l'Eucharistie. *La paroisse* qui a mission d'honorer le sépulcre glorieux du Sauveur dans la ville de Saint-Omer saura donc, nous en avons la ferme confiance, glorifier surtout l'Hôte par excellence et le Maître de son sanctuaire en lui rendant amour pour amour en toute circonstance.

Jésus-Christ veut aller aux âmes, venons-nous de dire, voilà pourquoi Il quitte de temps en temps son tabernacle, pour se rendre par le ministère de ses prêtres tantôt solennellement et tantôt secrètement, auprès des paroissiens malades qui ont un besoin tout spécial de sa charitable visite.

Les consolations du Saint-Viatique au domicile des malades

Le Saint-Viatique adoucit l'amertume de nos regrets. Comment, en effet, se laisser encore dominer par une tristesse inquiète après avoir reçu le baiser de l'amitié de Jésus Lui-même ? Comment ne pas quitter plus facilement les misères de l'exil quand on a goûté de si près les joies de l'Amour divin ? *Si l'impie redoute avec raison les horreurs de la mort*, le chrétien fidèle sait que sa dernière communion lui donne un droit nouveau à la gloire de la résurrection générale, et l'unit pour toujours à Celui qui est la source de la véritable vie ? Peut-on redouter encore l'inévitable jugement, quand on porte dans son cœur le Souverain Juge ?

Le Saint-Viatique qui fut la force des martyrs des premiers siècles, soutient aussi merveilleusement les malades au milieu de leurs souffrances parfois si longues et si pénibles, et il est leur meilleur défenseur *contre les tentations de découragement* que l'Esprit du mal ne manque pas de leur susciter à cette heure suprême si grave dans ses conséquences éternelles.

CHAPITRE XX

L'Extrême-Onction reçue en parfaite connaissance. — Prétendue délicatesse vraiment cruelle de certaines familles. — La joie souveraine
d'une âme bien préparée à entrer dans son éternité. — Les sentiments
qui doivent l'occuper à l'heure suprême. — Les démonstrations extérieures des funérailles. — Le rôle des larmes, de la prière et de l'aumône. — L'attitude à observer aux messes d'enterrement. — Un mot
à la chère Classe ouvrière. — Les convois de l'après-midi. — Explication de la cérémonie toujours impressionnante de l'« absoute ». —
Ce qu'est le « cimetière » dans la Religion Catholique. — Histoire du
cimetière du plateau des « *Bruyères* ». — Sa description. — Leçons
que comportent les visites aux tombes de nos chers défunts.

L'Extrême-Onction
reçue
en parfaite
connaissance.

Parents chrétiens, amis, qui cherchez à adoucir par
vos dévoûments empressés les souffrances de vos malades, procurez-leur toujours la *réception du Sacrement
d'Extrême-Onction en parfaite connaissance,* car, précieux
complément du Sacrement de Pénitence, il rend aux
malades, s'il est reçu en bonnes conditions, une entière
pureté en effaçant les restes du péché et en remettant les
peines temporelles qui lui sont dues. L'Extrême-Onction
fortifie également les âmes contre les terreurs excessives
de la mort et les assauts multiples de l'Esprit des
ténèbres et elle rend même parfois la santé au corps,
du moment qu'il ne peut résulter de cette guérison
aucun danger pour le salut de l'âme. Trop souvent on
n'est pas assez convaincu de cette dernière efficacité au
point de vue de la guérison corporelle et alors sans la

foi, généralement, l'action divine et miraculeuse ne s'exerce pas.

Il est à souhaiter que les malades reçoivent le Sacrement d'Extrême-Onction après avoir communié en viatique et l'âme se trouve ainsi dans les conditions les plus favorables pour en recueillir tous les effets. Dans le cas, trop fréquent, hélas ! où une paralysie vient subitement enlever la connaissance et l'usage des sens du mourant, *on peut espérer* que le Sacrement d'Extrême-Onction pourra suppléer au Sacrement de Pénitence, pourvu que le malade ait un repentir suffisant de ses fautes. *Mais que d'inquiétudes laisse un Sacrement reçu comme dernière ressource* en semblables conditions ! *Quelles responsabilités redoutables* pour les familles qui, par une prétendue délicatesse vraiment cruelle, attendent la dernière extrémité pour recourir aux pouvoirs spirituels de l'Église ! *Que Dieu nous préserve* d'entrer ainsi dans notre éternité sans préparation, sans un acte de foi, de repentir ni d'amour.

Le but de l'Extrême-Onction étant de faire disparaître le péché et ses conséquences, elle doit trouver dans l'âme du malade la haine de ce péché et la vraie contrition. Enfin une soumission filiale à la volonté divine, en union avec la Sainte Victime du Jardin des Oliviers, permettra de recueillir avec de nombreux mérites tous les fruits du Sacrement.

Et alors, quand le prêtre aura successivement purifié par l'huile sainte chacun des sens du chrétien saintement résigné, il pourra lui dire, en lui montrant le Ciel, « *Ame privilégiée*, reposez désormais en paix, Dieu vous a pardonné ; Jésus-Christ a repris possession de tout votre être et l'Église votre mère vous a béni ; *Satan a perdu tous ses droits* sur vous ; le passé n'est plus, et voici qu'une vie nouvelle, *la vraie vie* celle-là, s'ouvre pour toujours devant vous, rayonnante d'espérance et d'immortalité. »

Les sentiments qui doivent l'occuper à l'heure suprême.

Sachons, nous aussi, si le départ de nos chers malades pour un monde meilleur, devait tarder encore, après cette édifiante et consolante réception des Sacrements, sachons leur inspirer la pensée d'offrir *le sacrifice* si méritoire *de leur vie* et d'affirmer la souveraineté de Dieu sur toutes ses créatures. Engageons-les à accepter *la mort en expiation* pour toutes les infidélités de leur vie *et en union avec le Sauveur* au Calvaire, et suggérons-leur *un ardent désir* du Ciel où la mort libératrice va les mettre en possession de l'amour de Dieu et des joies sans fin de la bienheureuse éternité.

Les démonstrations extérieures des funérailles.

Parmi les cérémonies qui se déroulent dans l'église paroissiale du Saint-Sépulcre, *celles des funérailles chrétiennes,* quel qu'en soit le degré de solennité, *sont toujours impressionnantes. Nos chers trépassés,* c'est-à-dire ceux dont l'âme immortelle est passée de la vie d'ici-bas à la vie de l'éternité, ont droit sans doute aux honneurs dus à la dignité du rang qu'ils ont occupé dans la société ; mais ces honneurs ne sont que d'un jour et ils ne franchissent pas les limites de la tombe. *L'usage des fleurs et des couronnes* déposées sur le cercueil ne saurait être en lui-même condamné, cependant leur profusion trop souvent exagérée est blâmable, et contraire au sens liturgique des cérémonies funèbres religieuses. *Quant à l'usage contraire* de la suppression totale de ces hommages extérieurs qui prévaut depuis quelques années et que l'on précise sur les lettres de faire part, il doit pour être vraiment agréable à Dieu et utile aux âmes des défunts, être effectivement complété par *des prières et des aumônes,* rosée bienfaisante à la fois pour les àmes du Purgatoire et les pauvres de la paroisse.

La véritable affection éprouve aussi le besoin de se traduire par les larmes. Ces larmes sont un bienfait de Dieu, et elles viennent alléger le poids cruel de nos angoisses et décharger notre cœur du fardeau si pesant de la grande douleur ; mais si elles nous soulagent, elles ne soulagent pas nos défunts qui réclament avant tout les prières officielles de, l'Église et les nôtres.

Cette prière, donnons-la généreusement quand, selon l'usage traditionnel, nous aspergeons le cercueil à la maison mortuaire avec le rameau bénit, et unissons-nous à la touchante supplication du « *De Profundis* » officiellement récité par le Clergé au domicile des défunts et à la sortie de la ville. *Malgré la coutume contraire* trop peu respectueuse, pourquoi ne garderions-nous pas un silence recueilli pendant le trajet du cortège et les chants du psaume « *Miserere* » et du cantique « *Benedictus* » qui nous rappellent à la fois les espérances de l'âme pénitente et les joies de la glorieuse résurrection.

Pendant la messe, il serait à souhaiter que les assistants trouvent à leur disposition, sur leur chaise, comme cela se voit dans certaines paroisses modèles, *un livre au texte clair et substantiel* leur expliquant les rites funèbres qui s'accomplissent sous leurs yeux et dont ils ne soupçonnent aucunement la mystérieuse signification. *Ils pourraient alors goûter* dans une crainte salutaire qui convertit et qui sauve, toutes les beautés sublimes des sentiments exprimés dans les versets de la prose « *Dies iræ* » et *s'unir intimement au Saint Sacrifice de la messe*, la prière efficace par excellence, source infinie de grâces et de miséricorde pour les vivants comme pour les trépassés. *Quand donc comprendront-ils* que leur manière d'agir loin d'être chrétienne est à peine correcte au point de vue des bienséances les plus élémentaires, *ces paroissiens* qui ne font, sans raison grave, qu'une simple apparition au convoi ou à la messe seulement jusqu'à « l'offrande », où l'image du Sauveur crucifié leur rédempteur et leur juge futur est présentée à leur vénération.

Un mot à la chère Classe ouvrière.

Chers ouvriers audomarois, qui ne venez peut-être à l'église que *pour l'absoute* de vos proches parents et de vos amis, *de grâce, écoutez dans cette douloureuse circonstance,* la voix suppliante de vos bien-aimés disparus se joignant à celle de Dieu et de l'Eglise votre mère pour vous rappeler que, chaque dimanche, vous êtes attendus dans ce même sanctuaire aux réunions si réconfortantes de la grande famille paroissiale. *Ne cherchez plus à étouffer la voix de votre conscience* à cet égard par une foule de prétextes sans valeur, votre bonheur est à ce prix ici-bas. N'oubliez pas que, si dans l'éternité le Souverain Juge est infiniment miséricordieux, il reste aussi infiniment juste et rendra à chacun selon ses œuvres et sa bonne volonté.

Le Clergé ne demande aucune rétribution pour l'enterrement des indigents, et ces derniers ont droit aux mêmes prières liturgiques que les défunts des classes plus aisées.

Les convois de l'après-midi.

Les règlements diocésains émettent le désir qu'une messe soit célébrée pour les pauvres comme pour les riches, en présence de la dépouille mortelle, et il est fâcheux qu'un usage trop suivi à Saint-Omer multiplie *les convois de l'après-midi* sous le prétexte de grouper plus d'assistants, surtout dans la classe ouvrière. La charité bien comprise pour les trépassés doit leur procurer avant tout le secours de la prière par excellence, le saint sacrifice de la messe, et les travailleurs ne seront pas plus dérangés par l'*enterrement du matin* que par le convoi de l'après-dîner. L'expérience prouve que les messes célébrées, le lendemain, ne sont plus fréquentées que par le petit nombre, d'où résulte une *diminution considérable de prières* dont les défunts ont cependant souvent tant besoin dans le purgatoire.

Dans la cérémonie de l'absoute, dans le « *Non intres in judicium* », l'Eglise, par la bouche du prêtre, plaide avec amour comme il convient à une mère, la cause de l'accusé au tribunal de Dieu, et elle rappelle avec confiance qu'il fut marqué pendant sa vie du signe de la Sainte Trinité. Puis, dans un colloque saisissant supposé entre l'âme du défunt et les assistants, les dernières supplications montent vers le trône du Souverain Juge, et après l'aspersion et l'encensement, la récitation silencieuse et émouvante du « *Notre Père* », ranime les espérances chrétiennes que les chants de l' « *In Paradisum* » et du « *Benedictus* » confirment, durant le cortège, qui se dirige vers le cimetière.

Parents et amis, voici le moment, même au milieu des larmes bien légitimes, de renouveler votre invincible espoir, car si ceux que vous conduisez à leur dernière demeure ont été des paroissiens fidèles et sont morts dans la paix du Seigneur, vous avez la certitude que leur mort est le passage à la véritable et éternelle vie au sein de laquelle leur affection vous attend tôt ou tard.

Si la nature éplorée ne voit dans le cimetière qu'un lieu de mystérieuse et effrayante décomposition, la Religion Catholique y voit un lieu de sommeil, une sorte de dortoir où le corps attend dans le silence l'heure de la résurrection générale. *Le sépulcre n'est pour elle qu'un reliquaire,* et la corruption du tombeau renferme la lente germination d'une vie nouvelle d'où le corps glorieux, tige immortelle, doit refleurir un jour.

C'est depuis 1838 que le *cimetière communal* d'abord installé en 1786 en dehors de la ville, à l'intersection des routes de Blendecques et de Wizernes, et devenu aujourd'hui une prairie des hospices, a été transporté sur le plateau des Bruyères, d'où l'on jouit d'un splendide panorama. *Le grand calvaire* qui le domine et autour duquel se trouvent les monuments funéraires des prêtres audomarois, a été solennellement bénit en 1862. Le chant des vêpres fut, en cette circonstance, exécuté sur le parcours de l'église Notre-Dame jusqu'aux Bruyères et soutenu par la Musique communale.

Un chemin de la croix, en pierre, dont la réparation s'impose de nos jours, a été érigé le même jour autour du monticule qui sert de base au calvaire. C'est à l'ombre de ce Crucifix que reposent les corps des *anciens Doyens du Saint-Sépulcre, MM. Dumetz, Lœuillet* et *Vanherdrick*, ainsi que ceux de MM. les abbés Chapelet, vicaire, Fasquel, aumônier de Notre-Dame de Sion, Graux, aumônier du noviciat des Frères, et Level, prêtre habitué.

Le visiteur en parcourant cette vaste nécropole au terrain accidenté et dont les plantations d'arbres verts forment un coup d'œil très pittoresque, ne peut se défendre d'une impression salutaire. *Sur les grandes voies*, portant les noms des saints les plus illustres du catholicisme, saint Jean-Baptiste, saint Augustin, sainte Thérèse, sainte Madeleine, etc., on rencontre les chapelles et les tombes monumentales et d'artistique modèle que la croix rédemptrice domine partout, et heureusement indemnes des attributs païens qui envahissent les cimetières de certaines villes. *Dans les étroits sentiers*, le spectacle n'est pas moins impressionnant, et les humbles croix de fer ou de bois parfaitement entretenues par la classe ouvrière, sont une preuve édifiante que le souvenir et le culte des morts sont très vivants à Saint-Omer.

Paroissiens du Saint-Sépulcre, riches et pauvres, restez toujours fidèles à la pensée des chers Vôtres, mais n'oubliez pas les grandes leçons que comporte chacune de vos visites auprès d'eux, soit à l'occasion d'un deuil nouveau, trop fréquent hélas, soit au jour de la Commémoration des fidèles trépassés, soit même dans une de ces simples promenades où les âmes elles-mêmes que vous pleurez semblent guider vos pas et vos cœurs reconnaissants. *Qu'en un mot*, le cimetière ne soit jamais le théâtre d'une vaine ostentation et d'une rivalité déplacée dans le luxe des tombes, qu'il soit avant tout pour vous *le sanctuaire d'une réconfortante prière*, utile à la fois aux vivants et aux trépassés.

Leçons
que comportent
les visites
aux tombes
de
nos chers défunts.

CHAPITRE XXI

Les ordinations sacerdotales.

Depuis qu'elle a perdu son évêché, à l'époque du Concordat, la ville de Saint-Omer n'a plus été régulièrement le témoin des ordinations sacerdotales et la paroisse du Saint-Sépulcre, bien qu'elle eût porté le titre de cathédrale de l'évêque constitutionnel Asselin, de 1797 à 1802, ne vit jamais de cérémonies de ce genre au milieu des efforts tentés par le clergé schismatique pour la restauration du culte après la tourmente révolutionnaire.

L'Institut Joyez.

De nos jours, la persécution religieuse ayant obligé en 1906 le Séminaire de Philosophie d'Arras fondé en 1880 par Mgr Lequette et placé sous le vocable de Saint-Thomas d'Aquin, à chercher un refuge à Saint-Omer dans l'ancien Carmel de la rue des Bleuets, chaque année, pendant le Carême, Mgr l'Évêque d'Arras vient procéder à l'ordination des jeunes abbés appelés à la tonsure dans la chapelle de cet établissement, qui a pris désormais le nom d'Institut Joyez. (M. le chanoine Joyez, supérieur du Collège Saint-Bertin et aussi du

Collège de Saint-Omer devenu plus tard le Lycée, a rendu de grands services à l'enseignement libre au début du XIX⁰ siècle.)

La question du recrutement des vocations sacerdotales étant intimement liée à l'avenir spirituel des paroisses du diocèse, nous aimons à insister ici sur l'*Œuvre dite de Saint-Joseph* établie par Sa Grandeur *Mgr Williez* pour favoriser ce recrutement.

La dernière statistique de l'Œuvre classait la *paroisse du Saint-Sépulcre,* la première parmi les autres paroisses de Saint-Omer, pour le total des offrandes faites à cette Œuvre ; mais l'on doit comprendre que dans une question d'un intérêt aussi grave, la prière et l'action doivent s'ajouter à la cotisation, si généreuse soit-elle. Oui ! prions, selon le désir du Divin Maître Lui-même, car la moisson est toujours abondante et les ouvriers apostoliques sont trop peu nombreux surtout dans les villes. Il faut en effet à la fois à l'Église, des prêtres pasteurs, des prêtres missionnaires, des prêtres docteurs et professeurs.

Le Clergé des villes donne ordinairement une somme de travail qui dépasse la moyenne de ses forces, et malgré son zèle il ne peut parvenir à pénétrer, à connaître et à atteindre tout son peuple. *La fausse science* qui exerce de si tristes ravages par les livres, les revues et les journaux qu'il faut réfuter, la jeunesse des bureaux, des comptoirs, des ateliers et des chantiers qui a tant besoin d'œuvres d'instruction et de préservation, enfin l'immense famille ouvrière dont l'âme renferme tant de qualités généreuses et qu'il faut arracher à l'esclavage des meneurs de l'impiété et du vice, voilà la mission écrasante mais toujours sublime du Clergé au XX⁰ siècle.

Dieu sans doute reste magnifique dans ses dons, et s'il a

Générosité de la paroisse du Saint-Sépulcre pour l'Œuvre des vocations sacerdotales.

Le ministère surchargé du Clergé dans les villes.

semé à profusion les astres dans le ciel et les fleurs sur la terre, dans l'ordre surnaturel il multiplie aussi le don par excellence, celui des vocations sacerdotales, qu'il fait germer au sein de toutes les conditions sociales.

Ces vocations existent dans notre Artois plus qu'en tout autre pays. Ils sont encore là cachés dans la foule, ces enfants de bénédiction, ces élus de Dieu, qui seront un jour l'instrument du salut pour un grand nombre d'âmes, si la vocation divine n'est pas étouffée dans ces rédempteurs de l'avenir. Malheureusement *les lois civiles persécutrices*, l'opinion, et surtout le manque de générosité des parents qui ne sont plus assez chrétiens pour comprendre les grandeurs du Sacerdoce, voilà autant d'obstacles aux vocations ecclésiastiques. Il faut d'ailleurs le reconnaître, comme la couronne de Jésus flagellé, la couronne du prêtre renferme plus d'épines que de roses, épine de la pauvreté, épine de la solitude, épine de l'ingratitude, épine enfin de la persécution.

Paroissiens du Saint-Sépulcre, vous l'avez compris, il y a des vocations sacerdotales dans la terre bénie de votre grande famille paroissiale. *C'est à vous, pères et mères* chrétiens, de concert avec votre Clergé, de sauvegarder ces germes précieux au foyer domestique et de diriger ensuite ces jeunes âmes prédestinées vers les pieux asiles des *petits séminaires de Béthune* (Institution Saint-Vaast) *et de Boulogne-sur-Mer* (Institution Haffreingue) où elles s'imprégneront à la fois de science, de vertu et de piété.

Le Séminaire de philosophie, l'Institut Joyez, à Saint-Omer même, sous la direction de prêtres d'élite, affermira ensuite leur sainte vocation pendant deux années.

Puis viendra l'heure de la formation complète du *Grand séminaire à l'Institut Parisis,* à Arras, qui s'achèvera dans les meilleures conditions sous la conduite de prêtres, éminents théologiens. *Cinq ans, en effet,* sont indispensables pour préparer directement dans le jeune lévite le prêtre de l'avenir, car l'Église ne veut compter dans ses rangs que des prêtres saints, instruits et zélés. *Le séminariste obéit* comme il obéira plus tard à ses supérieurs dans la sainte hiérarchie. *Il étudie,* pour devenir, demain, docteur des âmes, prédicateur, moraliste et controversiste tout à la fois. *Il prie,* pour se revêtir de la force d'En-Haut et amasser en lui des trésors d'énergie surnaturelle. *Il forme sa conscience,* afin de pouvoir diriger un jour celle des autres. *Il trempe* enfin *son caractère* qui lui permettra de persévérer généreusement au milieu des contradictions de sa vie apostolique. De nos jours, *les âmes sans vocation,* surtout avec les deux années de service militaire au service d'une patrie aimée, ne sauraient résister à l'épreuve. Les âmes molles et indisciplinées doivent nécessairement succomber, et les volontés persévérantes et fortes arrivent seules au but.

Que le vaillant *collège Saint-Bertin,* fidèle à ses traditions, que le *pensionnat des Frères de L'Écluse,* toujours nôtre, que nos *écoles libres,* que le *Lycée* lui-même et les *écoles neutres,* cela s'est vu et se verra encore, continuent à recruter en rangs serrés le bataillon sacré de ceux qui, d'après le Saint Évangile, doivent être la lumière du monde, le sel de la terre et les sauveurs d'âmes.

Nous avons recherché avec soin les noms de tous les prêtres qui, depuis la période révolutionnaire, ont été baptisés dans l'église du Saint-Sépulcre ou s'y rattachent par un séjour prolongé de leur famille domiciliée sur la paroisse. Nous en donnons ici la liste qui constituera la première page d'un *livre d'or* dont, nous l'espérons,

Comment les aspirants au sacerdoce se préparent à recevoir la prêtrise.

les feuillets se multiplieront sous le regard de Dieu jusqu'à la fin des temps, pour le plus grand bien spirituel de notre chère paroisse du Saint-Sépulcre.

De nombreuses vocations ecclésiastiques ont, en effet, toujours été une source de bénédictions pour une paroisse.

Enfants de la Paroisse du Saint-Sépulcre appelés par Dieu au suprême honneur du Sacerdoce :

M. l'abbé Bailly Jean, ✠, Chanoine-Prévôt du Chapitre — ancien Vicaire général d'Arras.

» Bailly Charles, ✠, Vicaire à Calais.

» Portenart Charles, ✠, Chanoine — Supérieur du Grand Séminaire et Vicaire général d'Arras.

» Darcque Valentin, ✠, Chanoine — prêtre habitué à l'église Notre-Dame à Saint-Omer.

» Bailly François, ✠, Curé de Ligny-Saint-Flochel.

» Bocquet Hector, ✠, Chanoine — Grand-Doyen de Béthune.

» Grébert Louis, ✠, Curé du Courgain.

» Marin Eugène, ✠, Chanoine — ancien Supérieur général de la Société de St-Bertin.

Mgr Leuillieux François, ✠, Archevêque de Chambéry.

M. l'abbé Caboche Eugène, ✠, Chanoine — Curé-Doyen de Saint-Nicolas à Boulogne-sur-Mer.

» Gay Hippolyte, ✠, Curé de Croisette.

» Delattre Jacques, ✠, Religieux Lazariste.

» Dusautoir Adrien, ancien Curé de Sainte-Isbergue — prêtre habitué à Aire-s-la-Lys.

LE SOUVERAIN PONTIFE PIE X

M. l'abbé Depotter Joseph, Chanoine — Curé-Doyen
de Laventie — ancien Vicaire général
d'Arras.

» Courtois Louis, Curé de Tatinghem.

» Depotter Albert, ✠, Aumônier des Ursulines
à Saint-Omer. Bénéficier de 1re classe.

» Depotter Alphonse, ✠, Chanoine — Supérieur du Séminaire Saint-Thomas à
Arras.

» Hista Adolphe, Chanoine — Secrétaire de
l'Évêché d'Arras.

» Descamps Émile, Curé de Landrethun-lès-
Ardres.

» Vautier, Ambroise, Religieux Lazariste.

» Dolman Georges, Missionnaire en Angleterre.

» Dusautoir Augustin, ancien Aumônier —
à la Basilique Notre-Dame à Saint-Omer.

» Vautier Louis, Curé de Bergueneuse.

» Laridant Georges, Religieux Lazariste.

» Lehembre Alexandre, Directeur à l'Institut
Joyez à Saint-Omer.

» Fiquet Émile, Vicaire à Lacouture.

» Fiquet Aimé, Professeur à l'Institution
Haffreingue à Boulogne-sur-Mer.

» Devulder Pierre, Curé de Saint-Inglevert.

CHAPITRE XXII

Le mariage indissoluble contracté au pied de l'autel paroissial.

Il nous reste maintenant à dire un mot du *Sacrement de Mariage* que saint Paul proclame grand devant Dieu et devant les hommes et dont la solennité se célèbre, elle aussi, *dans le sanctuaire de l'église paroissiale.* La comparution des futurs époux devant l'officier de l'État-civil à la Mairie, est une formalité qu'il faut remplir pour obtenir les effets civils qui en découlent et qui sont avantageux à la fois aux individus, à la famille et à la société ; mais c'est à l'église, que le consentement mutuel des époux reçu par le prêtre officiellement délégué constitue le seul véritable mariage légitime, qui relève de Dieu lui-même. *Toute autre union contractée en dehors de la réception du Sacrement reste nulle,* et ceux qui vivraient ensemble après le simple accomplissement des formalités civiles, sans passer par l'église, resteraient dans un déplorable concubinage et dans l'état habituel du péché mortel.

La grâce reçue par ce sacrement unit l'homme et la

femme par les liens indissolubles d'une mutuelle charité, et elle fixe leur affection réciproque qui perfectionne l'amour naturel en le rendant sage, patient, juste et miséricordieux et fidèle au devoir. *Les jeunes gens et les jeunes filles* appelés à la vocation commune du mariage par Dieu lui-même, *doivent s'y préparer* sérieusement par la prière, par la réflexion qui leur montrera à l'avance les peines et les obligations attachées à cet état en même temps que ses réelles consolations, enfin en consultant des personnes d'expérience et désintéressées. Il faut autant que possible éviter les mariages entre parents, même éloignés, car ils sont souvent la source d'une foule d'infirmités et de maladies pour les familles. L'Eglise, dans sa sagesse, a établi à cet égard un empêchement qui s'étend jusqu'aux enfants des issus de germain. On évitera aussi les mariages entre futurs de différentes religions. *Les bans que l'on publie à la grand'-messe paroissiale* ont été établis pour obtenir la connaissance des empêchements cachés prohibitifs, rendant l'union illicite, ou dirimants qui pourraient entacher le mariage de nullité.

Les futurs époux, après s'être approchés du sacrement de pénitence et autant que possible de la table sainte le jour précédent ou le matin de leur mariage, veilleront à ce que *l'exactitude* soit observée pour leur arrivée à l'église paroissiale. *Instruits à l'avance* des différentes cérémonies qui accompagnent la célébration de leur mariage, tels que l'exhortation, l'acte solennel du consentement mutuel, la bénédiction de l'anneau nuptial et de la pièce de monnaie traditionnelle, les deux bénédictions des époux eux-mêmes après le « *Pater* » et les dernières oraisons, *les nouveaux époux suivront, avec attention, les cérémonies de la messe* et cette attention sera partagée par tous leurs invités admis, qu'ils ne

Dispositions
requises
pour
recevoir avec fruit
la grâce
de ce sacrement.

Utiles conseils
pour l'assistance
à la
messe de mariage.

l'oublient pas, à une place d'honneur dans le chœur même de l'église. *Le petit livre*, que nous souhaitions voir entre les mains des messieurs aussi bien que des dames dans les autres solennités liturgiques, serait encore très utile en cette circonstance, où la dissipation qu'entraîne fatalement le luxe mondain est toujours nuisible au recueillement général. *Il est aussi à désirer que les jeunes travailleuses de l'aiguille*, venues dans l'église ce jour-là sur le passage du cortège pour juger de l'effet des toilettes à la confection desquelles elles ont consacré tant de soins et peut-être trop de veilles, n'oublient pas qu'en retour du salaire reçu, qui leur permettra de préparer elles-mêmes leur propre corbeille de noces, elles doivent avant de quitter le sanctuaire, prier quelques instants devant le tabernacle pour leurs bienfaiteurs et leur propre avenir que Dieu seul tient dans ses mains souveraines.

Le divorce est une source de désordre social.

Le mariage étant la donation mutuelle que se font d'eux-mêmes deux êtres humains, l'expérience est là pour l'attester, le cœur de ces deux êtres n'est satisfait que si la donation mutuelle est totale et pour toujours. Se donner à moitié, à bail pour ainsi parler, contrarierait les justes exigences de l'amour chrétien. *Donc le mariage indissoluble* répond seul aux aspirations du cœur humain. Aussi l'Eglise a-t-elle énergiquement condamné de tout temps *le divorce* comme un crime, source de malédiction. *Le divorce en effet avilit le mariage* qu'il réduit à n'être qu'un contrat résiliable.

Il sème la discorde dans les familles.

Il nuit aux mariés dont il encourage les dissensions conjugales par l'espoir d'une rupture. Il est préjudiciable à la femme qui, plus que l'homme, reste victime des abaissements qu'entraîne avec soi le divorce. *Il est surtout nuisible aux enfants*, qui restent exposés aux antipathies, aux rebuts, aux mauvais traitements de nouveaux pères ou de nouvelles mères, et il jette dans les jeunes âmes des semences de mépris et de haine, celui-ci prenant le parti d'une mère injustement abandonnée, celui-là le parti d'un père lâchement trahi.

Enfin, le divorce arme des familles entières les unes contre les autres et va jusqu'à ruiner le principe d'autorité de la société elle-même, car le pouvoir public n'est qu'une application en grand du pouvoir de la famille. *L'opinion et le bon sens* du public sont là d'ailleurs pour proclamer bien haut que *les divorcés sont des sans-cœur.*

Si dans certains cas graves la simple séparation de corps et de biens s'imposait aux époux, il est à souhaiter qu'elle ne soit jamais définitive, car elle aussi, est la source des plus lamentables misères et compromet de plus le salut éternel des deux séparés dans la fausse situation où ils se trouvent.

Époux chrétiens unis au pied des autels de la paroisse du Saint-Sépulcre, restez donc toujours unis pour multiplier, sous le regard de Dieu, la vie autour de vous et vous entourer d'une couronne de vivants qui seront votre gloire, parce qu'ils reproduiront vos vertus ! *Restez unis* pour que vos enfants vous rendent en tendres respects et en pieuse assistance tout le bien que vous leur avez fait ! *Restez unis* pour vous voir revivre encore dans les rejetons de ceux qui sont issus de votre sève généreuse ! *Restez unis* enfin pour servir de modèle à ceux qui s'uniront après vous et pour cimenter, par votre inaltérable fidélité, la sainte unité de la famille. *Catholiques, en agissant ainsi,* vous aurez bien mérité de notre cité audomaroise et de la Patrie Française dont l'inquiétante dépopulation s'affirme, chaque année, comme le déplorable châtiment de la profanation des lois saintes du mariage chrétien.

CHAPITRE XXIII

La Paroisse forme une véritable famille

Un des caractères les plus attachants de l'Église paroissiale du Saint-Sépulcre, c'est celui qui la distingue comme la « *Maison de famille* ». Nous avons en effet notre paroisse, comme nous avons notre famille. *Elle est nôtre* par les secours qui nous y ont été prodigués et par ceux que nous avons le droit d'y trouver encore. *Elle est nôtre* par la demeure familiale où nous sommes appelés avec instance pour nous fortifier dans la foi et dans la charité. *Elle est nôtre* par le Clergé à qui nous sommes confiés, et à qui il appartient de veiller sur nous et de nous diriger dans la vertu. *Elle est nôtre* par les fidèles qui la composent et avec lesquels nous formons dans l'Église universelle une petite société distincte que Dieu veut prospère et invincible par l'union de ses membres. *Elle est nôtre* enfin, et surtout, par notre Père céleste, dont la présence réelle parmi nous fait de l'autel, où il réside au milieu du groupe familial qu'il a constitué, le point central autour duquel gravite la vie de chaque paroissien depuis sa naissance à la vie divine par le baptême, jusqu'au seuil de son éternité.

Quelles sont les autorités préposées à la garde de cette intéressante famille paroissiale ?

Tout d'abord au sommet de la hiérarchie catholique se trouve placé dans une situation unique ici-bas *le Souverain-Pontife*, le Père commun des fidèles des paroisses du monde entier. C'est au Pape, en effet, dans la personne de *saint Pierre*, que Jésus-Christ dans le saint Évangile a donné la *suprême autorité* et a réservé le privilège de l'*infalllibilité*, quand, du haut de sa chaire apostolique, il définit pour toute l'Église un point de doctrine qui intéresse la foi et les mœurs. A cette double auréole de l'autorité et de l'infaillibilité, Dieu a ajouté au front de ses Pontifes celle de l'*immortalité*, et nous voyons, à travers les âges, la dynastie des Papes rayonner de sainteté et briller d'un éclat incomparable.

La Papauté rayonne sur les âmes à qui elle donne la vérité, la grâce de Dieu, le salut éternel là-haut et, ici-bas, la sanctification. *Elle rayonne* dans le monde catholique en sauvegardant les droits de la morale évangélique, en favorisant les progrès des lettres, des sciences et des arts et en défendant contre toutes les tyrannies la liberté des peuples. *Elle rayonne*, enfin, par ses souffrances rédemptrices qui la constituent la digne et légitime héritière de Jésus crucifié, sauveur des âmes. Persécuté et pauvre comme son Divin Maître sur le Calvaire, contristé par les ingratitudes d'un trop grand nombre, le Pape éprouve aussi d'immenses consolations à la vue du réveil de la foi, de la charité et de l'obéissance à travers l'univers Catholique, à la vue des progrès de l'Évangile par les Missions lointaines dans le monde païen, et de l'impuissance, contre le siège de Pierre, de l'impiété de tous les âges, prédite d'ailleurs par le Sauveur Lui-même.

Paroissiens du Saint-Sépulcre, rappelez-vous la grandeur du ministère du Pontife Romain. *Des millions de consciences* dépendent de Lui, des milliers de causes attendent sa décision. Une seule journée du gouvernement de l'Église renferme plus de conséquences graves qu'une journée de gouvernement des plus puissants empires de la terre. Donnez donc au Pape votre confiance, donnez-lui l'amour de vos cœurs ; réservez-lui également l'humble offrande du « *Denier de saint Pierre* » destiné aux besoins spirituels de l'univers entier dont il reste le Père, et accordez-lui surtout le secours de vos filiales et ferventes prières, car les supplications que la chrétienté fait monter vers le Ciel pour son Chef et avec lui domineront toujours le bruit de toutes les tempêtes et de toutes les révolutions de la terre.

A côté de la Papauté, Jésus-Christ a placé l'Épiscopat pour la direction de son Église, et, depuis dix-neuf siècles, nous voyons les Évêques associés au Chef suprême de cette Église comme des collaborateurs divinement institués et toujours respectés. *Le schisme* qui, nous l'avons vu en 1791 *dans cette paroisse du Saint-Sépulcre*, périt dans le ridicule après avoir végété dans l'impuissance, n'a même pu renaître au xxᵉ siècle, et, à l'heure présente, malgré les savantes et sournoises combinaisons de l'impiété maçonnique, les Évêques de France invinciblement et unanimement unis au Successeur de saint Pierre, trouvent dans cette glorieuse dépendance *non une servitude mais une liberté, et le secret de la force apostolique qui sauve les âmes et régénère les peuples.*

Ce sont les Évêques qui, en rattachant à leur propre

siège la plus humble paroisse, la font entrer dans la vaste ordonnance de l'Église Catholique. *Comme Pontife* l'Évêque entretient et dirige le culte public, donnant à Dieu des prêtres par le Sacrement de l'Ordre, à Jésus-Christ des soldats par la Confirmation, et à la Religion de la dignité et de l'éclat par l'observation des règles liturgiques. *Comme docteur* il propose à son peuple par ses « *Lettres pastorales* » les vérités évangéliques, et condamne les opinions contraires à la foi. Si le pouvoir civil fait le code, l'Évêque rédige le *catéchisme diocésain*, et, si le pouvoir civil a la direction de la société civile, l'Évêque conserve la direction de la société religieuse.

L'Évêque est aussi législateur et il coordonne sa législation à celle du Pontife Romain et des Conciles généraux ; enfin, *il est maître dans son diocèse* où les érections de paroisses et la nomination des prêtres lui appartiennent entièrement. Sentinelle vigilante, et la tête ceinte de la *mitre* d'honneur comme d'un casque, il a mission de signaler les embûches de l'ennemi dans les batailles de la foi, et *la crosse* qu'il porte rallie comme un sceptre tout le troupeau autour de lui et écarte comme un glaive les loups ravisseurs qui menacent le bercail.

L'Église du Saint-Sépulcre, dépendant de l'Archiprêtré de Saint-Omer, fut placée sous la juridiction des *Évêques de Thérouanne* depuis ses origines jusqu'en 1553, époque de la fondation de l'*Évêché de Saint-Omer*. Ce dernier subsista jusqu'en 1801, à l'époque du Concordat, où il fut absorbé avec le diocèse de Boulogne dans le diocèse unique d'Arras. *On trouvera la liste complète* des Évêques de Thérouanne et de Saint-Omer dans notre histoire de la paroisse Notre-Dame, mais nous donnerons ici celle des Évêques d'Arras depuis 1802.

Mgr de la Tour d'Auvergne fut nommé évêque d'Arras

L'Évêque
Pontife, Docteur
et Législateur
dans son diocèse.

11

Fécond épiscopat
du Cardinal
de
la Tour d'Auvergne.

en 1802, à l'âge de 34 ans. *On raconte que M. Émery,* le vénérable supérieur de Saint-Sulpice, ayant présenté le nouvel Évêque au premier Consul : « *Vous êtes bien jeune, monsieur, lui dit Bonaparte* ». « *Avec une année de moins que moi, répondit l'abbé de la Tour d'Auvergne, le premier Consul gouverne l'Europe. J'espère, de mon côté, avec l'aide de Dieu, pouvoir gouverner mon diocèse* ». Sa haute stature, la noblesse de ses traits, sa distinction, la douceur de sa parole lui concilièrent toutes les sympathies pendant son épiscopat qui dura près de cinquante ans. *Le rétablissement du culte,* la réouverture des églises, les règlements relatifs au clergé et aux communautés religieuses, les œuvres de zèle et de charité absorbèrent entièrement sa longue et féconde carrière pendant laquelle il refusa les archevêchés d'*Avignon,* de *Lyon,* de *Paris* et de *Cambrai,* afin de ne point se séparer de ses diocésains. Mgr de la Tour fut créé cardinal, du titre de sainte Agnès, en 1839, et grand-croix de la Légion d'honneur en 1840. La paroisse du Saint-Sépulcre lui fit toujours de triomphales réceptions. C'est sous l'administration du vénérable Cardinal que MM. les doyens *Ducrocq* et *Dumetz* reçurent le titre et la charge de grand-doyen et de vicaire général de l'arrondissement de Saint-Omer.

Un magnifique monument a été élevé à la mémoire du Cardinal dans la chapelle absidale de la cathédrale d'Arras. Il y est représenté à genoux, les yeux élevés vers la statue de la Sainte Vierge qui décore l'autel, et les bras étendus pour lui offrir son diocèse, son attitude est celle d'une douce extase qui peint admirablement sa tendre dévotion pour sa Mère du Ciel. Le bloc de marbre a été donné par le Gouvernement.

Trois mots résument la vie de Mgr Parisis, évêque

d'Arras de 1851 à 1866, il fut un *grand évêque*, un *écrivain distingué* et un *habile polémiste*. Son épiscopat à Langres et à Arras a laissé des traces ineffaçables dans le souvenir d'éminentes vertus et dans l'établissement d'œuvres considérables. *Comme Évêque,* Mgr Parisis se fit remarquer par *la foi vive* qui partout le pénétrait, l'animait et le soutenait. Il présida au rétablissement de la liturgie romaine dans le diocèse et fonda l'Œuvre des Églises pauvres. Il se fit aussi remarquer par son ardeur pour le recrutement des Séminaires, l'institution des Conférences ecclésiastiques et la construction de nouvelles églises. *La ville de Saint-Omer* lui doit tout particulièrement le rétablissement de plusieurs de ses Communautés religieuses, *les RR. PP. Carmes, le Bon Pasteur, les Petites-Sœurs des Pauvres et la Sainte-Union.* C'est en 1852 qu'il fit son entrée solennelle au son des cloches et du canon, dans la ville, par l'ancienne porte de Calais.

Comme écrivain il tint un rang distingué parmi ses collègues de l'épiscopat et les auteurs de son époque. Chez lui la pureté et l'élégance du style s'unissaient à une charmante simplicité, et ses lettres pastorales sur « la Douleur », « la Vérité Divine » et « la Famille », sont restées célèbres.

Mgr Parisis ne fut pas moins habile polémiste qu'auteur distingué ; ancien député à la Constituante et à l'Assemblée législative, il soutint pendant de longues années la cause de la liberté de l'Enseignement par sa parole ardente, sa logique serrée et ses arguments vigoureux exposés avec une lucidité et un bonheur d'expressions vraiment remarquables. Ce sera sa gloire d'avoir combattu presque toute sa vie et remporté d'éclatants triomphes contre les adversaires de l'Église et de ses liberté. Son monument funèbre, élevé en face de celui du Cardinal de la Tour d'Auvergne, le représente étendant noblement la main au-dessus d'une tiare pontificale, pour bien indiquer qu'il fut l'un des plus illustres défenseurs de l'Église catholique et romaine au XIXe siècle.

Mgr Lequette
l'évêque bien-aimé.
Son
activité apostolique.

Mgr Lequette, successeur de Mgr Parisis, était né à Bapaume dans notre diocèse. Sa noble prestance rappelait aux fidèles le souvenir du Cardinal et sa bonté lui valut le nom d'évêque bien-aimé. *C'est lui qui établit la pieuse tradition* suivie par ses successeurs et par laquelle la ville de Saint-Omer, ses paroisses et ses Communautés ont l'honneur et le bonheur de posséder leur Évêque pendant la neuvaine. C'est en particulier pendant la neuvaine de 1868 que le Prélat au milieu d'une foule de 1200 pèlerins et du Vénérable Chapitre d'Arras, groupés autour de la chaire de l'église Notre-Dame, prit la résolution de restaurer le *culte de Notre-Dame des Ardents* à Arras. Dix ans plus tard, une gracieuse église romane s'élevait sur l'une des places de la ville épiscopale, et le pieux Évêque la proclamait « *un miracle de Notre-Dame des Miracles* ». Mgr Lequette qui avait porté lui-même à Rome à la bénédiction de Pie IX *les diadèmes des statues de l'Enfant-Jésus et de Notre-Dame des Miracles,* fut l'un des heureux témoins des fêtes mémorables de l'inoubliable couronnement de 1875. *Son activité trouva du temps pour tout* et ses forces physiques ne lui firent jamais défaut. Confirmations, consécrations et bénédictions d'églises, vêtures et professions religieuses, neuvaines solennelles, le trouvaient toujours prêt et une merveilleuse facilité d'élocution mettait partout en relief sa paternelle bonté.

Les Audomarois n'eurent pas le temps d'apprécier les

qualités *de Mgr Meignan* qui ne fit que passer sur le siège *d'Arras* d'où il fut transféré au siège archiépiscopal. de *Tours* en 1884 et promu au Cardinalat en 1893. *Mgr Meignan* présida, en 1884, la procession du 25ᵉ anniversaire du rétablissement du Pèlerinage de Notre-Dame des Miracles. *Ancien professeur à la Sorbonne et longtemps évêque de Châlons*, il a laissé sur l'Écriture Sainte plusieurs ouvrages remarquables où il combat victorieusement le « *Rationalisme allemand* » qu'il avait étudié de près au sein des Universités allemandes. Dieu le rappela à Lui en 1896.

Mgr Meignan l'érudit apologiste.

CHAPITRE XXIV

**Mgr Dennel
vérifia sa devise
et fut l'homme
de la Charité
et de la Vérité.
Sa sollicitude
pour
l' « Enseignement ».**

Dans la personne de Mgr Désiré-Joseph Dennel, en 1884,
la ville de Saint-Omer retrouva la paternelle bonté de
Mgr Lequette, et le nouvel Évêque se fit un devoir de
maintenir toutes les traditons établies par ce dernier.
Successivement supérieur du Collège Saint-Joseph à
Lille, archiprêtre de Saint-André dans la même ville, et
évêque de Beauvais, il apporta sur le siège d'Arras la
grande expérience qu'il avait acquise dans chacune de
ces différentes et importantes situations. Mgr Dennel
s'est dépensé d'une manière vraiment extraordinaire
dans l'accomplissement de ses fonctions épiscopales et
en particulier dans ses visites pastorales. Il fit paraître

une nouvelle édition des « Statuts diocésains ». On lui doit surtout beaucoup pour la « *Question de l'enseignement* » en faveur de laquelle il fonda de *nouvelles et nombreuses maisons d'éducation* sur divers points de son diocèse. Le regretté Prélat vérifiant la devise de ses armes, fut l'*homme de la* (*Charité*), et il fut en même temps l'*homme de la* (*Vérité*). Des lettres pastorales toujours très énergiques n'ont jamais cessé d'affirmer sans aucune atténuation ni altération les droits de cette divine Vérité, en face des persécuteurs de la sainte Église. Mgr Dennel, décédé en 1891, repose auprès du *Cardinal de la Tour d'Auvergne et de Mgr Parisis* dans le caveau des évêques, dans la chapelle absidale de la cathédrale d'Arras.

Mgr Williez, son successeur, ancien vicaire général de Tours, fut préconisé évêque d'Arras le 11 juillet 1892 et fixa son sacre au 8 septembre suivant, jour de la fête de la Nativité de la Sainte Vierge, dans son église cathédrale. *C'est avec reconnaissance que les Audomarois apprirent* que, par une délicate attention, leur nouvel Évêque avait réservé une place d'honneur dans ses armes sous la forme symbolique de *trois roses,* aux trois principaux sanctuaires de son diocèse, les églises de Notre-Dame des Ardents, de Notre-Dame de Boulogne, et de Notre-Dame des Miracles. La dernière rose étant, de l'aveu de tous, la plus merveilleuse dans son incomparable parure de pierre.

Prolongeant volontiers son séjour à Saint-Omer pour la neuvaine du mois de juillet, *Mgr Williez* s'est fait un devoir de conférer le sacrement de Confirmation à différentes reprises dans les diverses paroisses de la ville, et d'offrir chaque année le saint sacrifice de *la Messe dans les principales Communautés* qu'il tient à venir encou-

Mgr Williez
Son affection
marquée
pour les Audomarois

rager, Lui-même, au milieu des tristesses de l'heure présente.

L'office pontifical célébré à la Basilique Notre-Dame le second dimanche de la neuvaine, groupe, tous les ans, *une élite compacte* d'habitants de Saint-Omer et des faubourgs, sous la bénédiction de leur Évêque, dans de majestueuses cérémonies qui ne sauraient être mieux encadrées que dans le décor de notre ancienne cathédrale.

On se souviendra longtemps, à Saint-Omer, du xii° centenaire de saint Omer, célébré en 1895, et du *triomphe Eucharistique* de 1901 où notre Évêque bien-aimé porta lui-même, à travers les rues de la ville, le Très Saint Sacrement installé sur un char d'honneur dont le plan artistique avait été dressé par M. le Doyen du Saint-Sépulcre.

La paroisse du Saint-Sépulcre ne saurait oublier, non plus, la démarche bienveillante du premier Pasteur du diocèse venu tout exprès d'Arras pour bénir, le 22 novembre 1908, *le nouveau local de la Jeunesse Catholique et du Patronage paroissial des garçons.*

A toutes les Œuvres fondées par ses prédécesseurs, *Mgr Williez* chargé de la lourde responsabilité de près d'un million d'âmes dont se compose le département du Pas-de-Calais, en a ajouté d'autres exigées par les mesures persécutrices mettant en danger le salut des âmes. Entre toutes, *l'Œuvre des vocations,* dite *de Saint-Joseph* et celle *de la Jeunesse Catholique* si pleines de solides espérances pour l'avenir, lui sont particulièrement chères. *Une Commission spéciale*, sous sa présidence, a édité un nouveau catéchisme diocésain en 1898. Violemment expulsé de son palais épiscopal, obligé de trouver un refuge pour son Grand et ses deux Petits Séminaires,

SA GRANDEUR MONSEIGNEUR WILLIEZ, ÉVÊQUE D'ARRAS

aidé de ses vaillants Vicaires généraux, *Mgr Liénard* et *Messieurs les chanoines Lejeune, Hervin et Bonvarlet,* notre Évêque a su tenir tête à l'orage, et, grâce aux multiples et sages mesures administratives qu'il a prises, *l'organisation diocésaine* ne saurait tarder à triompher complètement des obstacles accumulés contre elle.

Pèlerin de Lourdes presque chaque année depuis dix-sept ans, *Mgr Williez* a pris aussi maintes fois le chemin de la Ville éternelle pour porter *aux pieds des Souverains Pontifes Léon XIII et Pie X* l'hommage du filial dévoûment de son cher diocèse et les *dernières fêtes incomparables de la béatification de Jeanne d'Arc,* à Saint-Pierre de Rome, l'ont trouvé debout avec soixante autres évêques français autour du Pontife suprême acclamé par cinquante mille pèlerins.

Que dire enfin de ses lettres pastorales toutes pénétrées de l'esprit surnaturel qui sanctifie et sauve les âmes, lettres à la fois si poétiquement et si apostoliquement écrites. *Qu'elles soient de plus en plus le mot d'ordre attendu et suivi par la Paroisse du Saint-Sépulcre,* dans la voie de la filiale obéissance qui mène toujours au vrai bonheur et au triomphe.

C'est l'Archidiacre de Saint-Omer qui est le premier délégué épiscopal dans l'arrondissement. Depuis trente ans M. le chanoine Graux, Mgr Liénard et M. le chanoine Hervin ont occupé successivement cette charge importante, à titre de vicaire général. Les Grands-Doyens et Archiprêtres qui, depuis un siècle, furent MM. les chanoines *Coyecque, Deron, Ducrocq, Dumetz, Duriez, Sagot, Benoist, Lansoy et Vasseur* ont la mission spéciale de visiter chaque année toutes les paroisses des doyennés de l'arrondissement, et par conséquent celle du Saint-Sépulcre où réside le Doyen du canton nord. Chaque

Rome et Lourdes.

Ses
lettres pastorales.

Place
de l'Archidiacre
et de
l'Archiprêtre
dans la famille
paroissiale.

Doyen à son tour visite annuellement les paroisses de son canton.

C'est enfin et surtout au Doyen et aux Vicaires que revient le titre de Père et de bienfaiteur de la grande famille paroissiale. La liste complète des doyens et des vicaires du Saint-Sépulcre depuis 1802, que nous donnons plus loin, rappellera à chacun tout un passé consolant de grâces obtenues par l'intermédiaire de ces hommes de Dieu. Qu'il nous suffise de résumer ici les titres du Clergé paroissial à la vénération et à l'affection des fidèles. *Le Prêtre a d'abord le pouvoir incomparable* de consacrer le Corps adorable de Jésus-Christ et de le distribuer au peuple, et par les Sacrements il communique la vie divine aux âmes, à tous les âges et dans toutes les situations de la vie. *Séparé du reste des hommes,* sacrifiant les joies de la famille, il a reçu la sublime mission de renouveler perpétuellement l'offrande du sacrifice divin qui a sauvé le monde et peut seul le maintenir dans la paix. Tout en lui doit être divin, c'est Dieu qui vit et agit par lui.

Médiateur entre le Ciel et la terre, il est l'homme du pauvre qu'il assiste et en qui il voit Jésus-Christ ; il est l'homme du malade qu'il visite, encourage et rapproche de Dieu ; il est l'homme du découragé qu'il réconforte, pardonne et réhabilite s'il est coupable ; il est enfin le trait d'union des familles qu'il bénit et conseille.

La prière fréquente du prêtre à la Messe, au saint bréviaire, dans ses exercices de piété, apaise la colère de Dieu, compense les blasphèmes et attire les grâces célestes sur sa paroisse. *Sa parole du haut de la chaire,* forme l'enfance, guide l'adolescence à l'âge des passions, soutient l'âge mûr et reste toujours la meilleure conseillère de la vieillesse. *Le Prêtre est en un mot, le cœur et*

Le Doyen
du Saint-Sépulcre
et ses Vicaires
Pères et bienfaiteurs
de tous.

Le Clergé paroissial
médiateur
entre
le Ciel et la Terre.

Efficacité de sa prière
de sa parole
et de son action
surnaturelles.

la bouche de l'Eglise, et c'est par lui que la paroisse entière, adore, expie, remercie et demande. Coadjuteur et coopérateur de Dieu, le prêtre est enfin *l'homme de tous ;* conseiller écouté, il est l'intermédiaire obligé de la richesse et de l'indigence ; consolateur par état de toutes les peines de l'âme et du corps, il est appelé du nom béni de « *Père* » par les fidèles de toutes les classes de la société qui viennent répandre à ses pieds les aveux les plus intimes et les larmes les plus secrètes, et sa parole tombe suavement sur les intelligences et sur les cœurs avec l'autorité d'une mission divine, au tribunal de la sainte réconciliation.

Paroissiens du Saint-Sépulcre, qui voyez chaque jour, vos prêtres à l'œuvre dans l'incessant labeur du travail apostolique, *ayez pour eux un respect affectueux*, soutenez-les toujours dans leurs épreuves et *priez beaucoup pour eux* par reconnaissance pour le bien qu'ils vous font et même par intérêt personnel, car plus vos prêtres seront saints plus ils pourront sanctifier vos âmes.

Voici la liste des Curés-Doyens, Vicaires et prêtres habitués de la paroisse du Saint-Sépulcre depuis 1802.

En la parcourant, les paroissiens pourront se rappeler les grâces dont ces âmes sacerdotales ont été les dévoués intermédiaires auprès d'eux.

1º *Les Curés-Doyens :* M. Cavrois, 1802-1825 — M. Ferdinand Ducrocq, 1825-1832 — M. Bernard Ducrocq, 1832-1835 — M. Dumetz, 1835-1857 — M. Lœuillet, 1857-1876 — M. Doublet, 1876-1888 — M. Benoist, 1888-1892 — M. Vanherdrick, 1892-1899 — M. Désert en 1899.

2º *Les Vicaires* et prêtres habitués : MM. les Abbés A. Bailly, Ducrocq, Fiquet, Cauche, Macrez, Lebrun, Podevin, Ledoux, Régnier, Lestivetz, Huguet, J. Bailly,

Paschal, Papegay, Lebleu, Lefebvre, Decroix, d'Audruy, Thoumin, Cattin, Risbourg, Bayard, Dumetz, L. Lefebvre, Chapelet, Mutuel, Gruel, F. Bailly, Dubois, Roger, Boutoille, Lagache, Thibaut, Senet, Belin, Gremand, Campion, Louchet, Cadart, Puchois, Leclercq, Levis, Charpentier, Sueur, Sockeel, Dachez, Labitte, Vitasse, Guilbert, Vasou, Level, Debret, Pronier, Duval, Gagny, Bar et David.

Ajoutons ici les noms des fidèles serviteurs de l'Eglise qui, depuis un siècle, ont rempli avec un entier dévouement dont Dieu leur tiendra compte dans les parvis célestes, la charge honorable et privilégiée *de sacristain et de gardien du sanctuaire.* Ce sont MM. Renez, Saint-Pol, Polycarpe, Denèque et Alluin.

Nous ne pouvons séparer du Clergé paroissial, le groupe des paroissiens dévoués qui après avoir été, avant la loi de Séparation, ses précieux auxiliaires dans les rangs de l'ancien Conseil de Fabrique, lui continuent leurs loyaux services sous le nom de « Conseil paroissial ».

Honneur aux membres dévoués du Conseil paroissial.

Leurs noms méritent doublement de figurer au livre d'or de la paroisse dont ils sont les premiers et les vaillants défenseurs.

MM. de Monnecove, Dusautoir, de Laage, Darcque, Clarisse, Guilbert, Hébert, Grossel et Monsterlet.

Les fonctions des Conseillers restent les mêmes que précédemment, sauf qu'ils sont dégagés de toute responsabilité vis-à-vis de l'État qui n'a plus rien à voir dans la gestion des intérêts matériels de la paroisse. Le Comité Paroissial conserve l'importante mission de promouvoir de concert avec le Clergé toutes les œuvres de la paroisse.

C'est à ces Messieurs, aidés d'autres paroissiens non moins dévoués, qu'a été confié le soin de recueillir *les offrandes de la souscription annuelle du « Denier du Clergé », œuvre qui s'impose actuellement en tête de toutes les autres.* Cette œuvre remplace, en effet, le budget des cultes, injustement supprimé, puisque ce budget était une dette contractée par l'État au moment de la Révolution lorsqu'il s'était emparé de tous les biens de l'Église de France. De leur côté les membres du Clergé continuent *la quête traditionnelle dite du Carême* dont le produit est affecté à l'Œuvre capitale des Séminaires. Les Œuvres du Denier de Saint-Pierre et de l'Université Catholique de Lille, des vocations, dite de Saint-Joseph et de Notre-Dame de Salut, de la Propagation de la Foi et de la Sainte-Enfance, des Écoles d'Orient et de Saint-François de Sales, sont également recommandées à la charité des paroissiens du Saint-Sépulcre.

Nous n'insisterons pas sur le véritable intérêt que présente chacune de ces œuvres, mais nous engageons fortement les fidèles à *établir*, chaque année, à l'avance, au mois de janvier et à *la lumière du jugement de Dieu* qui sera le juge en dernier ressort dans l'éternité, *le détail et la somme* de leurs offrandes pour les Œuvres catholiques. Chacun alors et en conscience, réglera sa générosité selon ses revenus, n'oubliant pas que *l'aumône efface les péchés*, qu'elle *rend heureux le donateur* et qu'enfin Dieu à qui elle est faite, dans la personne de son Église, rend au centuple dans ce monde et dans l'autre.

Pourquoi l'Œuvre du « Denier du Clergé » est la première de toutes

Réglons nos offrandes à la lumière du Jugement de Dieu

CHAPITRE XXV

L'église paroissiale et la parole apostolique.

C'est dans la maison de famille de l'église paroissiale qu'ont lieu les *catéchismes* atteignant les diverses catégories de la jeunesse paroissiale et les *prédications ordinaires* nécessaires à l'entretien de la foi, et dont la forme populaire produit les fruits les plus salutaires dans les âmes de bonne volonté. C'est là aussi que, du haut de la chaire chrétienne, les jours de grande fête, la parole divine revêt un cachet plus solennel dans les *sermons des prédicateurs étrangers*. A l'heure de notre triste division nationale, il n'y a plus qu'un lieu où les hommes de notre temps se puissent sentir d'accord et ce lieu c'est l'église paroissiale. Là seulement s'élève la voix qui constate et produit l'harmonie. *La chaire chrétienne* est d'abord l'auxiliaire de la charité, car la plupart des Œuvres de bienfaisance vivent par elle. Et que ne fait-elle pas pour la moralité ?

Elle est presque seule à combattre l'enseignement du mal qui n'a qu'un but, souiller et corrompre les âmes. Enfin, la chaire distribue la vérité sans aucune lâche complaisance pour les passions humaines dont elle poursuit sans relâche la délétère influence, tout en·restant miséricordieuse pour le pécheur repentant.

L'heure du triomphe de la parole apostolique sonne surtout dans les « *Missions* » extraordinaires, que le zèle du Clergé paroissial sait ménager de temps en temps à sa grande famille spirituelle. La « *Semaine religieuse du diocèse d'Arras* » nous a redit, dans ces dernières années, le grand bien opéré par ces missions pour la rénovation des paroisses, même dans les milieux qui semblaient tout à fait réfractaires à l'action de la grâce divine, comme par exemple dans les *centres miniers*.

Les « Missions » sonnent l'heure du triomphe de la parole apostolique.

En raison même des négations sans preuves de l'incrédulité prétentieuse plutôt esclave du respect humain que du doute réel, *notre pays* devenu officiellement *(a-religieux)*, selon l'expression de la minorité franc-·maçonne, *a plus que jamais soif de Dieu*. Partout, on sent que la Société perd ses bases, la Famille son autorité, la Justice sa balance, l'honnêteté publique son drapeau. *Dans cet énervement* général et dans cet écroulement des fondations sociales, toutes les âmes honnêtes rentrent en elles-mêmes pour retrouver en Dieu le besoin d'idéal et le désir de l'infini qui les tourmentent. Sachons le reconnaître, si la Justice divine s'appesantit sur nous, si la persécution continue à sévir, si même tant d'œuvres de foi, de charité et de dévouement semblent stériles, n'en cherchons pas la cause dans les aléas de la politique ou la perversité des persécuteurs de la liberté religieuse. *Notre pays ne pourra reconquérir sa liberté* et s'affranchir de la tyrannie qui l'oppresse, que si d'abord

Le besoin social du retour à Dieu.

les âmes sérieusement converties savent briser les liens du péché.

L'acte décisif de la délivrance des âmes.

Or, la « Mission », c'est *l'heure de la délivrance des âmes qui sonne,* c'est la grâce qui passe trop rare et pour ne plus revenir peut-être pour beaucoup avant leur entrée redoutable dans l'éternité. C'est donc avec bonheur que tous les paroissiens du Saint-Sépulcre, sans exception, fervents et tièdes, indifférents et pécheurs, esclaves du surmenage des affaires, prisonniers du travail ou forçats des mauvaises passions, accueilleront cet événement spirituel chaque fois que, dans l'avenir, la Divine Providence le fera apparaître dans une réconfortante aurore à l'horizon paroissial.

Ces merveilleuses grandes manœuvres spirituelles dirigées par d'éloquents missionnaires, à l'âme de feu, au milieu des cérémonies les plus imposantes, attirent toujours des foules compactes au pied des autels, et leurs fruits salutaires en rendant aux âmes la vraie joie de la bonne conscience réconciliée avec Dieu, assurent le salut éternel de beaucoup.

La croisade nécessaire des prières préparatoires.

Mais ne l'oublions pas, une mission sans prières préparatoires extraordinaires serait une navigation sans voiles, ni vent, ni vapeur, et une bataille sans munitions. *Qu'une croisade de prières* et de bonnes œuvres décide donc à l'avance le Ciel à intervenir extraordinairement. Si l'on peut comparer aux plus grandes des œuvres divines les plus modestes entreprises du zèle, rappelons que la Rédemption du monde a été préparée par des supplications et des sacrifices qui ont duré quatre mille ans. Il est donc opportun que la *rédemption en miniature* que l'on appelle une « *Mission* » ait aussi pour elle, au moins plusieurs mois à l'avance, les *prières du Clergé* paroissial, et des âmes ferventes, *celles des Confréries,* sans oublier les supplications et les *pénitences des Communautés religieuses* situées sur la paroisse.

Il va sans dire que la *prière persévérante* continue à féconder les consolants résultats de la Mission qui, en moyenne, se renouvellerait avec avantage tous les dix ans. *Dans certaines paroisses, un capital* constitué par des paroissiens généreux au jour de la clôture et fructifiant pendant un certain nombre d'années permet de couvrir les frais relativement considérables de la « *Mission* » suivante.

Des nombreuses confréries qui existaient, nous l'avons dit, avant la Révolution, deux seulement subsistent au xxᵉ siècle, celle du Saint-Viatique et celle de Jésus-Flagellé, mais celles du Sacré-Cœur et de Notre-Dame du Mont-Carmel, ont été établies au siècle dernier, l'une en 1803, l'autre en 1817. Ces confréries forment autant de petites familles d'élite dans la grande famille paroissiale du Saint-Sépulcre.

Le *musée communal,* rue Carnot, possède, depuis quelque temps, les statues des *saints Crépin* et *Crépinien* provenant de la Corporation des cordonniers qui avait son siège religieux dans l'église du Saint-Sépulcre avant la Révolution. C'est M. Léon Tilhet, un paroissien, qui les a offertes à la Ville.

On peut regretter la disparition des antiques statues autrefois vénérées par les confréries ; celles en bois de *saint Druon* et de *sainte Brigitte* et une « *Mère des douleurs* », en albâtre, existaient encore il y a quelques années, et remontaient au xviᵉ siècle. Il nous reste encore celle de *saint Arnould,* patron des brasseurs, datant du commencement du xviiiᵉ siècle, et celle de *sainte Catherine* qui a le cachet artistique de la fin du même siècle.

Chaque paroisse devrait posséder son *petit musée reli-*

Après la « Mission ».

gieux réunissant les souvenirs inutilisables pour le culte, afin d'éviter à ces derniers la promiscuité des musées publics civils.

La *Confrérie du Très Saint-Sacrement, dite aussi du Saint-Viatique*, fut rétablie, en 1803, par Mgr de la Tour d'Auvergne. Son but est de rendre à Notre-Seigneur Jésus-Christ dans la Sainte Eucharistie aux différentes fêtes où il y a exposition et adoration, ainsi qu'aux processions, tous les honneurs qui lui sont dus. *Les Confrères et Consœurs* s'y enrôlent également afin d'obtenir de Jésus-Hostie la grâce de ne point mourir sans recevoir les sacrements. Cette Confrérie, qui est la plus vénérable de toutes, a sa fête principale le premier dimanche de février, suivie de l'obit du lendemain pour les associés décédés dans l'année. *La bannière* de la Confrérie du Saint-Viatique restaurée, il y a quelques années, porte encore les deux médaillons peints par *Henri Hancquier*, au xixᵉ siècle. L'un représente la *Communion d'un malade*, l'autre reproduit *le Dais paroissial à la procession*, entouré d'une douzaine de Confrères en tenue de cérémonie. L'artiste a fixé sur leur physionomie les traits des principaux notables de la paroisse à cette époque.

Faisons remarquer que dans toutes les Confréries paroissiales une légère cotisation annuelle, destinée à leur entretien, donne droit à un obit spécial chanté à la mort de chaque confrère ou consœur.

La Confrérie de Jésus-Flagellé, rétablie en 1804, a conservé encore de nos jours le privilège *des prières des quarante heures* célébrées le dimanche de la Passion et les deux jours suivants. Des deux statues de l'« *Ecce homo* » conservées à la Révolution, l'une d'elles se trouve à l'honneur chez les Petites-Sœurs des Pauvres, rue

Carnot, l'autre a été placée dans une niche vitrée occupant le milieu du banc de la Confrérie qu'il serait souhaitable de voir occupé par les Confrères, comme jadis, pour la plus grande édification de la paroisse.

En 1860, il existait encore *des bancs réservés* aux diverses Confréries et aménagés aux deux premiers piliers en haut de la grande nef.

Un clou façonné sur le modèle de ceux employés au crucifiement du Sauveur et qui a été mis en contact avec eux à Rome, se trouve encastré dans le piédestal de la statue de Jésus flagellé. La piété des paroissiens fait brûler des cierges devant cette statue en esprit de réparation. Devant la Sainte Face, la statue du Sacré-Cœur et les autres statues de l'Église, le luminaire se compose de lampes réparatrices ou de cierges.

La fête principale de cette Confrérie a lieu le cinquième dimanche après Pâques, son but est avant tout un but de réparation. *Un manuel édité pour chaque confrérie* paroissiale donne aux fidèles le détail des indulgences que la fidélité au règlement leur permet de gagner pour eux-mêmes ou pour les âmes du purgatoire.

La Confrérie du Sacré-Cœur a pour but d'unir dans une sainte confédération de prières et de bonnes œuvres les âmes dévouées à ce divin culte. Elle a été érigée dans la paroisse en 1817 et affiliée à celle de « Sainte-Marie in capellà » à Rome. *Sa fête principale* se célèbre le dimanche du « Sacré-Cœur », et les exercices si salutaires du *premier vendredi du mois* et de *l'heure sainte* ont lieu, chaque mois, à son autel.

But de la Confrérie du Sacré-Cœur.

Enfin, la *Confrérie de Notre-Dame du Mont-Carmel* existe dans la paroisse depuis 1803 et elle y est *très florissante*. Sa fête principale, le quatrième dimanche de juillet, et ses fêtes secondaires se célèbrent à l'autel que

<table>
<tr><td style="vertical-align:top; width:30%">

La Confrérie
très florissante
de
Notre-Dame
du
Mont-Carmel.

</td><td style="vertical-align:top">

nous avons décrit plus haut. *Cette Confrérie était établie, avant la Révolution, chez les Pères Carmes,* dans le haut de la rue de Dunkerque, et l'on conserve encore de nos jours une statue habillée, portée aux processions, et qui date de cette époque. *Deux autres statues,* l'une en bois sculpté par *Bougron,* vers le milieu du xixe siècle, et une autre moderne en carton-pierre, don de Madame Cortyl, figurent également à l'honneur. Jadis, c'était toujours un Père Carme qui donnait le sermon de la fête. Depuis la fermeture du Couvent, place Saint-Jean, en 1880, tous les prêtres qui sollicitent cette faveur ont *le pouvoir d'imposer le saint scapulaire,* auquel de très grandes faveurs spirituelles ont été attachées par la Sainte Église. Pendant longtemps, *la procession de Notre-Dame du Mont-Carmel* parcourait chaque année, à tour de rôle, les deux parties de la paroisse, se dirigeant tantôt par le haut et tantôt par le bas de la rue de Dunkerque.

L'Association des Trépassés fait célébrer la messe du 2 novembre et chanter une octave de saluts pour les défunts. *Sur la demande des familles,* on chante un « Stabat » au pied de l'autel et pendant que la cloche tinte, pour obtenir force et courage aux malades en proie aux dernières souffrances de l'agonie.

</td></tr>
<tr><td style="vertical-align:top">

Les solennités
de
sainte Catherine
et de
saint Arnould.

</td><td style="vertical-align:top">

Chaque année, les jeunes filles de la paroisse et des pensionnats font chanter une messe solennelle en l'honneur de leur patronne *sainte Catherine,* au cours de laquelle on prêche le panégyrique de la sainte. Enfin, au mois de juillet *les Brasseurs* suivant en cela les traditions séculaires des nombreuses corporations audomaroises qui possédaient une chapelle et un autel dans l'église du Saint-Sépulcre, avant 1789, assistent à une messe solennelle dite de *Saint-Arnould,* évêque, leur protecteur.

</td></tr>
</table>

Les Mois du Rosaire, de Saint-Joseph et de Marie sont fidèlement suivis par les personnes pieuses et ce dernier rehaussé par des décors spéciaux et des chants parfaitement exécutés par les demoiselles de la paroisse, mérite une mention spéciale, pour le charme édifiant de ses exercices du soir. *Signalons ici la fête musicale* donnée le 9 mai 1909, matin et soir, par le chœur de chant paroissial et toutes les élèves de *M. Victor Luc,* en l'honneur de leur Maître vénéré, qui a célébré *son cinquantenaire* comme organiste du Saint-Sépulcre, charge où son talent et son dévoûment ne se sont jamais démentis un instant. Cette charge confiée ensuite à *M. Verroust* se trouve maintenant entre les mains de *M. Filleul* qui a pleinement hérité des qualités du Maître.

A la cérémonie du soir, M. le chanoine Décrouïlle fit, dans un magistral discours, *l'histoire du chant,* de la musique vocale et instrumentale et du plain-chant à travers les âges, préconisant ce dernier pour les offices de l'Église, selon le désir formel du Souverain-Pontife Pie X.

L'Œuvre du Rosaire perpétuel groupe enfin le 15 de chaque mois un certain nombre de paroissiens du Saint-Sépulcre, dans une prière commune et fervente, soit à domicile soit dans l'église Saint-Denis, de trois à quatre heures de l'après-midi. *Les intentions toutes d'actualité* sont régulièrement communiquées aux associés qui, au nombre d'environ 2.000 dans les doyennés nord et sud de Saint-Omer, attirent par leurs ferventes supplications du rosaire médité pendant « *l'heure.de garde* », les bénédictions du Ciel sur les œuvres paroissiales de la ville.

Tel est le cadre où la famille paroissiale toujours heureuse de se retrouver dans son beau sanctuaire, parcourt,

La ferveur du « Mois de Marie ».

**Consolants
enseignements
du
cycle liturgique.**

chaque année, le cycle liturgique de l'année ecclésiastique. D'abord recueillie et remplie des saintes espérances *pendant l'Avent*, elle participe à la joie promise aux âmes de bonne-volonté à l'occasion de la *touchante fête de Noël* et de la glorieuse solennité de *l'Épiphanie*. Puis, aux mortifications quadragésimales et aux tristesses compatissantes de la grande et sainte semaine, succède pour elle l'allégresse du *triple alleluia pascal*, victorieuse proclamation à la fois de *la Résurrection du Sauveur* et des âmes régénérées. Bientôt c'est le triomphe de *l'Ascension*, les merveilles du *Cénacle*, les splendeurs de *la Fête-Dieu* et la glorieuse *Assomption de Marie*, enfin la fête de *la Toussaint* qui réjouit à la fois l'Église du Ciel et l'Église souffrante du Purgatoire intimement unies à l'Église militante de la terre, en attendant leur éternelle réunion.

Paroissiens du Saint-Sépulcre, nous en avons l'intime confiance, vous l'avez compris une fois de plus, et la devise inscrite sur le portail de votre antique église, le proclame, la Paroisse restera toujours la demeure de votre Père céleste sur la terre, et l'image vivante du royaume où Il vous attend un jour.

CHAPITRE XXVI

Discrète et féconde action sociale de la Conférence de Saint-Vincent de
Paul. — Le Cercle catholique ouvrier. — Sa mission sociale auprès
de la classe ouvrière. — Le *Tiers-Ordre*, élite des élites, Œuvre de
prière et de pénitence fécondant l'action. — Importance et succès des
Conférences instructives pour les hommes et les jeunes gens. —
L'Association paroissiale de la Sainte Famille pour les Mères chrétiennes. — Les Dames de « la Maternité », des « Pauvres malades »
et des « Eglises pauvres ». — Nos petits benjamins. — La Ligue des
« Françaises de Saint-Omer ». — Les Conférences populaires pour
les femmes. — L'Œuvre économique du « Trousseau ». — A quand la
bibliothèque paroissiale ? — La lecture du « Paroissial » du Saint-
Sépulcre et de la « Semaine religieuse » du diocèse. — L'œuvre
intéressante des Jardins ouvriers. — Respectons le repos du
dimanche.

*Il nous reste maintenant à considérer la Paroisse du
Saint-Sépulcre comme un centre de féconde expansion
d'œuvres sociales.*

Au premier rang figure, la plus ancienne en date, celle
des *Conférences de Saint-Vincent de Paul*, dont l'esprit
primitif de piété, de simplicité et d'union fraternelle n'a
jamais varié, continue chaque jour son ministère de
charité parmi les pauvres de la paroisse. Étrangère à
toute discussion politique, cette œuvre a généreusement
travaillé dequis 1843 à l'amélioration morale et matérielle de la classe ouvrière. *L'Œuvre du Patronage des
jeunes ouvriers et apprentis* et celui des écoliers, les anciens cours du soir chez les Frères, *l'Œuvre de Saint-*

Discrète et féconde
action sociale
de la
Conférence
de
Saint Vincent de Paul

François Régis pour la légitimation des unions mal assorties, la fondation d'une bibliothèque, les distributions de bons de pain, de viande et de charbon, et de vêtements recueillis dans les maisons de la paroisse plus fortunées, tout cela joint aux *conseils moralisateurs* donnés au cours des visites, hebdomataires, forme *un ensemble de discrète et féconde action sociale.*

Le Cercle catholique ouvrier.

Bien que le *Cercle catholique ouvrier* fondé en 1874 soit une œuvre dont le Comité et les Membres se recrutent dans les trois paroisses de la ville et les faubourgs, il est tout particulièrement rattaché à la paroisse du Saint-Sépulcre par son local rue Taviel et par l'aumônier ordinairement choisi parmi ses Vicaires. Sous la présidence successive de Messieurs Charles de Givenchy, Albert de Monnecove et de Laage, ce cercle travaille, de son côté, à l'amélioration progressive de la condition morale et économique du peuple audomarois, par le *dévouement de la classe dirigeante à la classe ouvrière.*

Sa mission sociale auprès de la classe ouvrière.

Le cercle est ouvert, les dimanches et lundis, et les ouvriers y trouvent tous les délassements honnêtes désirables, et surtout cette agréable fraternité chrétienne qu'aucune philanthropie ou solidarité purement humaines ne sauraient jamais remplacer.

Un Comité de Messieurs et de Dames Patronnesses soutient l'Œuvre au point de vue financier et lui apporte, avec son dévouement, l'appoint inestimable de ses prières. Le gouvernement du cercle est, de plus, confié à un « *Conseil intérieur* » recruté parmi les employés et les ouvriers membres de l'Œuvre. MM. les abbés Juin, Vitasse, Debret, Pronier, Bar, Dewitte et David, en ont été successivement les dévoués aumôniers et directeurs spirituels.

L'Œuvre du Cercle catholique a enfin pour mission de

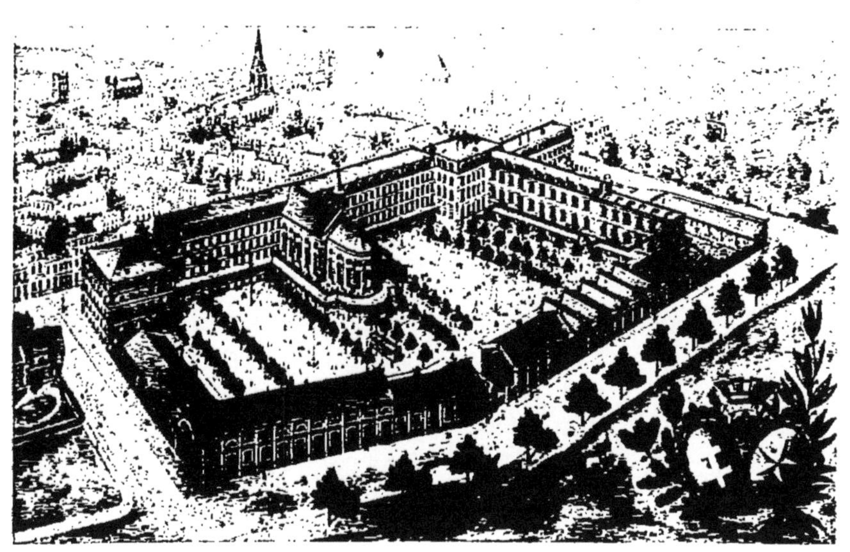

LE PENSIONNAT SAINT-JOSEPH
DES FRÈRES DES ÉCOLES CHRÉTIENNES

LE PENSIONNAT DE NOTRE-DAME DE SION

promouvoir et d'encourager toutes les initiatives qui ont pour but de rapprocher les différentes classes de la société sur le terrain des Œuvres, et *son Comité directeur* a le devoir spécial de veiller, à l'occasion, *à la sauvegarde de tous les intérêts catholiques audomarois*. Le Cercle a pour devise la formule de l'invincible espoir : *« In hoc signo vinces »*.

L'Œuvre du Tiers-Ordre de saint François pour les hommes, trop peu connue, et dont Léon XIII disait qu'elle était la base de sa réforme sociale, a aussi son siège sur la paroisse du Saint-Sépulcre, dans la chapelle du Cercle catholique. *Rétablie par M. le chanoine Doublet*, elle reste sous la direction de M. le Doyen du Saint-Sépulcre, et recrute ses membres dans toute la ville. *Le Tiers-Ordre est une communication de la vie religieuse et de ses mérites* à tous les fidèles vivant au milieu du monde. Il est plus facilement accessible qu'on ne le croit généralement et comporte de *nombreux privilèges* très utiles à la plus grande sanctification des âmes. Ses réunions sont mensuelles.

Le Tiers-Ordre
Elite des élites
Œuvre de prière
et de pénitence
fécondant l'action.

Une bénédiction, dite *« absolution générale »*, est réservée aux Tertiaires à l'issue des messes matinales à certaines fêtes dans leurs paroisses respectives, ou, à son défaut, au saint tribunal de la pénitence par les confesseurs. *Le Tiers-Ordre* forme, on peut le dire, *une élite parmi les autres groupements d'élite paroissiaux.* Puisse-t-il voir ses rangs se grossir de jour en jour dans l'intérêt personnel de ses adhérents et aussi pour le plus grand bien de la société contemporaine !

Parmi les Œuvres appelées à ranimer et à entretenir l'esprit de vaillance chrétienne chez les hommes et les jeunes gens, il faut citer *l'Œuvre des Conférences populaires* qui, présentement interparoissiale, gagnerait à

Importance et succès
des
Conférences
instructives
pour les hommes
et
les jeunes gens.

être établie dans les trois paroisses de la ville. Cette Œuvre, grâce au zèle apostolique de M. le *chanoine Décrouïlle* et de M. l'*abbé Dewitte*, obtient de consolants résultats. *Les Conférences* se donnent sur la paroisse du Saint-Sépulcre dans la grande salle des fêtes du Pensionnat Saint-Joseph, toujours bondée d'auditeurs. C'est là que, tour à tour, *des prêtres à l'âme de feu, d'érudits avocats, des docteurs en médecine* renommés, enfin, *de vaillants journalistes* de la région, ou même de Lille et de Paris, tiennent leur auditoire sous le charme de leur parole entraînante et convaincue et l'instruisent sur les questions les plus variées, de *la religion, du droit, de l'hygiène* et *des œuvres sociales.*

La paroisse du Saint-Sépulcre possède également des Œuvres pour les femmes. L'Association de la Sainte-Famille qui, sur la recommandation de Sa Grandeur Mgr Williez, est devenue une œuvre diocésaine, y est établie depuis une vingtaine d'années. Elle a sa messe mensuelle le quatrième dimanche de chaque mois, et M. le Doyen du Saint-Sépulcre y adresse une allocution spéciale dont le thème est, la sanctification de chacun des membres de la famille par l'action chrétienne de la Mère. *Un Comité de zélatrices,* présidé depuis l'origine par l'infatigable Madame Jules Guilbert-Desnick, porte *chaque mois,* à domicile, les convocations, et *chaque année,* les invitations à la retraite pascale et à une séance générale solennelle. Dans cette séance, au Cercle catholique, une distribution de jolies gravures de la Sainte-Famille, destinées à figurer à la place d'honneur au foyer domestique, et une tombola toujours bien accueillie, complètent le bonheur des adhérentes présentes à cette charmante réunion de famille où une parole apostolique de circonstance leur est paternellement ménagée.

L'Association
paroissiale
de la
Sainte-Famille
pour les
Mères chrétiennes.

Les Dames de la Paroisse enrôlées dans l'Œuvre de la Maternité sont heureuses de multiplier leurs démarches auprès des jeunes mères de famille ordinairement entourées dans les milieux ouvriers et, à leur plus grand honneur, d'une joyeuse couronne de nombreux enfants.

De leur côté, *les Dames visiteuses de l'Œuvre des Pauvres malades* savent avec une admirable discrétion réserver à ces derniers, avec les secours corporels que réclame leur état, les encouragements et la bonne parole qui relève et soutient les âmes, parfois bien durement éprouvées.

L'Œuvre des Eglises pauvres recrute aussi, parmi les meilleures paroissiennes du Saint-Sépulcre, quelques habiles travailleuses consacrant, une après-midi par semaine, leur temps et leur talent à la confection des ornements nécessaires au culte eucharistique. Cette œuvre fondée dans le diocèse par *Mgr Parisis,* a sa réunion présidée au mois de juillet, à Saint-Omer, par Monseigneur l'Evêque d'Arras, qui vient bénir l'exposition des travaux de l'année. Puissent ces travaux augmenter en raison même de la récente spoliation des églises, et Jésus-Hostie susciter Lui-même le dévouement de nouvelles et multiples ouvrières.

*Enfin, depuis vingt ans déjà, M*ᵐᵉ *Guilbert-Desnick* ouvre, le mercredi, à certains moments de l'année, *sa maison hospitalière* aux dames et jeunes filles de la paroisse, pour y confectionner toutes sortes de vêtements destinés à être providentiellement distribués, dans la saison d'hiver, aux petits enfants pauvres de l'asile paroissial, jadis, nous l'avons dit, confié à la maternelle sollicitude des Religieuses de Notre-Dame de Sion, et aujourd'hui parfaitement installé rue Edouard Devaux, sous l'intelligente direction de *M*ˡˡᵉ *Foucaul.* Il suffit de jeter un coup d'œil, sur *la vaste salle d'asile*, sur la cour de récréation largement aérée, ou sur *le petit bataillon des benjamins* de la grande famille paroissiale dont ils sont l'avenir, *en promenade* à travers les rues de la ville, pour déclarer de suite que *l'Enfant Jésus* bénit visiblement cette chère maison où il restera toujours le Maître et le modèle des tout petits qui, les mains jointes, l'invoquent tendrement chaque jour.

La Ligue des « Françaises de Saint-Omer ».

A côté de ces Œuvres déjà anciennes, le zèle des dames et demoiselles de la paroisse, adhérentes de la « *Ligue des Françaises de Saint-Omer* » s'efforce de ranimer l'esprit religieux dans toutes les classes de la société par *l'exercice de l'apostolat*. Les « *Françaises* » (pouvait-on choisir un nom plus sympathique ?) ont, en effet, à cœur de relever la moralité publique, par l'influence de la femme, et de faire du bien à la classe ouvrière, aux jeunes filles et aux femmes qui travaillent. *En un mot, elles veulent montrer que la vraie chrétienne n'est pas égoïste*, ne vit pas pour elle seule, mais veut le bien des personnes qui l'entourent.

Les Conférences populaires pour les femmes.

Ici, comme pour les hommes, les *sages conseils de M. le chanoine Décrouille et de M. l'abbé Dewitte* ont puissamment aidé à la merveilleuse organisation qui obtient plein succès sur le terrain des *Conférences populaires* confiées à d'éloquents conférenciers et même à des conférencières non moins vaillantes. *Les Françaises travaillent* également à obtenir le repos du dimanche aussi complet que possible, et à favoriser le petit commerce local. Elles ont fondé une œuvre du « *Secrétariat du peuple* » qui constitue un bureau de renseignements et de placement à la disposition de toutes les classes de la société.

Enfin, leur « *Œuvre du Trousseau* » établie rue Hector

Piers, le lundi soir et le jeudi après-midi, à peine installée, fonctionne déjà à ravir. Cette dernière œuvre est à la fois pratique, économique et sociale, elle est destinée à procurer aux jeunes filles, à l'âge de 21 ans, ou quand elles se marient, les principales pièces d'un trousseau. Elle est appelée à développer chez les sociétaires le sérieux de la vie, et elle les prépare à l'idée d'un foyer en leur donnant le sens des occupations ménagères.

L'œuvre économique du « Trousseau ».

Une petite bibliothèque et un patronage pour les petites filles y ont aussi été récemment annexés. Souhaitons que la *question des bibliothèques* spéciales pour chaque paroisse soit tranchée sans retard, leur nécessité garantit leur avenir. Le projet de création de ces bibliothèques a, en effet, une importance aussi capitale que celle de la « *Bonne Presse* » où les « *Françaises* », toujours vigilantes, secondent le *Comité directeur* admirable pour son dévoûment pour la *propagation des abonnements*, à prix réduits, aux bons journaux moralisateurs et défenseurs des droits sacrés et inséparables de la Religion et de la Patrie, et leur *prêt aux familles ouvrières* qui les reçoivent à domicile et gratuitement quand les abonnés directs en ont pris connaissance.

A quand la bibliothèque paroissiale ?

Entre toutes les revues périodiques, il en est deux, qui devraient se trouver en bonne place à chaque foyer familial, nous voulons parler du bulletin mensuel « *le Paroissial* » dont nous avons chaleureusement salué, plus haut, l'apparition comme un véritable événement, et la « *Semaine religieuse* » du diocèse d'Arras, organe hebdomadaire officiel de l'Évêché, dont la rédaction placée en d'excellentes mains, permet à ses lecteurs de vivre intimement, chaque semaine, la vie si intéressante de l'immense famille diocésaine et d'y puiser à pleins bords la

La lecture du « Paroissial » du Saint-Sépulcre et de la « Semaine religieuse » du diocèse.

sève vivifiahte de la doctrine catholique, nécessaire aux paroisses, qui sont comme autant de rameaux du tronc vigoureux confié à la sollicitude pastorale de l'Évêque diocésain.

Le « *Paroissial* » du Saint-Sépulcre est mensuel. Il a pour devise : « Prie, travaille, espère. Aime Dieu et va ton chemin ». La *première partie* comprend le « *memento* », le calendrier et les faits importants de la vie paroissiale. La *seconde*, se compose d'éléments très variés où, des récits instructifs et édifiants, des conseils d'hygiène et même une page intitulée « Pour rire et s'amuser », délassent agréablement le lecteur. « *Réjouissez-vous*, oui réjouissez-vous sous le regard du Seigneur, disait saint Paul ».

L'œuvre intéressante des Jardins ouvriers.

Nous devons également une mention à *l'Œuvre des Jardins Ouvriers* due à l'initiative du Comité des Cercles catholiques et dont trois paroissiens du Saint-Sépulcre, *MM. Albert de Monnecove, Joseph Lardeur et Léon Brongniart*, ont été les premiers fondateurs. C'est *M. l'abbé Pronier*, alors vicaire de la paroisse, qui procéda à la *bénédiction solennelle* des premiers jardins situés au sortir de la ville sur la droite de l'avenue de Saint-Martin-au-Laërt. Cette œuvre mérite toutes les sympathies des paroissiens pour le but moralisateur qu'elle se propose, mais il faut une mesure en toutes choses.

Respectons le repos du dimanche.

Si donc l'ouvrier, jardinier improvisé, n'avait pas assez des heures du soir des six jours de la semaine après son travail, et quelquefois de ses après-midi chômés du lundi, pour mener à bonne fin les gros travaux, si surtout, sous le prétexte de travailler son coin de terre, *il n'assiste pas à la messe du dimanche et se fatigue comme un forçat, une grande partie de la journée*, pendant que tout le monde se repose et se promène, on comprend

alors, que l'œuvre manque son but, et que sous le couvert d'une neutralité, simple contrefaçon du respect
humain, *la loi du repos hebdomadaire et la loi divine*
sont à la fois violées. Il ne faut d'ailleurs pas oublier
que, si l'homme plante et arrose, c'est Dieu seul qui
donne l'accroissement. A la fondation de l'Œuvre, les
jardins étaient régulièrement bénis chaque année, au
printemps, à l'époque des « *Rogations* ».

CHAPITRE XXVII

Les vaillantes « Catéchistes Volontaires ». — Leur sublime et méritoire
mission. — L'œuvre des voyageurs forains. — Le local du Patronage
paroissial des garçons. — Nécessité sociale de ce Patronage. — Il n'y
aura jamais deux Jeunesses ennemies à Saint-Omer. — Les « Retraites
fermées » de Wardrecques. — Aumônier et prisonniers. — La
« Jeunesse catholique » installée rue de Dunkerque. — Son fructueux
passé. — Son radieux avenir.

Les vaillantes
« Catéchistes
Volontaires ».

*C'est avec raison, que l'œuvre des catéchismes a été pro-
clamée « l'œuvre par excellence ».* Le Souverain-Pontife
Pie X en demandant, en 1905, l'établissement de l' « Œuvre de la Doctrine chrétienne »*, n'a fait que confirmer les
traditions séculaires de la paroisse du Saint-Sépulcre à
cet égard, traditions dont nous avons rappelé le souvenir
au XVIIᵉ et au XIXᵉ siècles. Aussi l'*Œuvre* des dames et
demoiselles catéchistes volontaires est-elle *en pleine
prospérité* sur la paroisse. Ce ne sont pas seulement les
enfants qui se préparent à leur première communion,
qui sont catéchisés à domicile ; *chaque jeudi tous les
enfants des écoles*, sans exception, sont convoqués dans
l'église paroissiale et, après avoir pieusement assisté au
saint sacrifice de la messe, chaque dame ou chaque
demoiselle catéchiste, ange gardien visible de ces chers
enfants, prend à part un certain nombre d'entre eux et
donne à son groupe, devenu sa petite famille, l'enseignement religieux en rapport avec la capacité des jeunes
intelligences.

Cet apostolat demande un véritable dévoûment, et il s'imposera aussi longtemps que la trop grande insouciance des familles ouvrières et l'enseignement a-religieux de l'école neutre subsisteront, au plus grand détriment de la Société civile elle-même.

Instruire les ignorants, a toujours été regardé comme un acte de charité d'ordre supérieur. *Les sciences humaines*, dont le domaine si varié s'agrandit chaque jour, ont leur réelle importance, mais *la science de Dieu* et des réalités éternelles, *la science* dont les leçons apprennent à éviter le mal et à faire le bien, *la science* qui rend l'homme vertueux ici-bas, et par là lui assure le bonheur céleste, *le catéchisme, en un mot, voilà la première de toutes les sciences*, utile pour ce monde et pour l'éternité. *Parents chrétiens*, comprenez bien ces choses, et vous, nobles auxiliaires du Clergé, dévouées Catéchistes Volontaires. attachez-vous plus que jamais à votre sublime et fécond ministère, et, comme Notre-Seigneur Jésus-Christ Lui-même qui montrait une tendresse toute particulière pour l'innocence des enfants, répétez souvent avec bonheur : « *Laissez venir à moi les petits enfants* ». Il va sans dire que l'œuvre paroissiale des catéchismes se complète par *des distributions de récompenses*, un *arbre de Noël* et, de temps à autre, par d'instructives séances de projections lumineuses.

Au moment de la foire annuelle, les Catéchistes volontaires trouvent encore le moyen d'évangéliser pendant près d'un mois, *les petites âmes des enfants forains* qui, au milieu de leur profond délaissement, réservent parfois, par leur bonne volonté, de bien grandes consolations à leur dévoué directeur spirituel M. l'abbé Delattre et à ses zélées auxiliaires.

Nous avons narré, plus haut, comment l'œuvre du

patronage des garçons, dirigée avec un inlassable dévoûment par les Membres de la Société de Saint-Vincent de Paul au xixe siècle, avait été *confiée au Clergé du Saint-Sépulcre* jusqu'à l'époque de la fondation des patronages paroissiaux de Notre-Dame et de Saint-Denis.

En 1908, nous retrouvons cette même œuvre ayant quitté la maison de l'enclos Saint-Bertin, trop éloignée du centre de la paroisse, sous la direction de *M. l'abbé Gagny*, digne héritier des traditions apostoliques de ses prédécesseurs, *MM. les abbés Sockeel, Debret, Pronier et Duval*, et parfaitement installée dans le vaste local de l'ancienne maison des Religieuses de la Sainte-Famille. *Cour spacieuse* dominée par un impressionnant Calvaire et possédant son gymnase et son « foot-ball »; *chapelle* ornée d'un gracieux autel surmonté d'une statue de la Très Sainte-Vierge et environné d'anges porte-flambeaux aux modèles variés; *salles de jeux* au mobilier modeste mais très pratique, le tout a été combiné pour que les jeunes paroissiens se sentent véritablement chez eux. *L'entretien d'une œuvre semblable* réclame sans doute des frais considérables, surtout à ses débuts, mais son importance au point de vue social et moralisateur engagera toujours ses bienfaiteurs à se montrer largement généreux à son égard.

Le patronage s'impose comme complément indispensable des catéchismes paroissiaux, continués sous la forme attrayante d'allocutions ou d'avis généraux donnés par l'aumônier, et sous celle plus efficace encore des conseils particuliers paternellement dispensés aux jeunes gens. *Les jeux*, les fêtes, les récompenses sont inséparables d'une œuvre de jeunesse, mais il ne faut pas oublier que le but essentiel du patronage, c'est *la formation morale et religieuse des jeunes gens. Les écoliers, les apprentis et*

Le local
du
Patronage paroissial
des garçons.

Nécessité sociale
de
ce Patronage.

jeunes employés qui le fréquentent si volontiers et qui sont recrutés sans distinction d'écoles, d'ateliers ou de bureaux y viennent avec le désir sincère de préparer pour l'avenir des chrétiens solides et convaincus. *De son côté l'aumônier du patronage* et les jeunes gens de la classe aisée, qui peuvent être ses précieux auxiliaires, s'efforcent avant tout d'atteindre ces jeunes âmes, de comprendre leur mentalité, de répondre à leurs objections et de faire en un mot en elles, œuvre de lumière et de vie. *En résumé, au patronage,* on ne prépare pas seulement les jarrets et les biceps d'acier des futurs soldats Français, on prépare *aussi les âmes vaillantes des soldats de l'Église catholique de France.*

Non, il ne saurait jamais exister deux jeunesses ennemies à Saint-Omer ; *l'émulation,* sur le terrain des écoles religieuses ou a-religieuses, et de leurs associations d'anciens élèves sur le terrain des sociétés sportives, de gymnastique, de musique ou autres sera toujours excellente et on ne pourra y réaliser la parfaite unité. Mais là où toutes ces sociétés doivent s'entendre et s'unir, c'est le terrain religieux, le terrain paroissial, en un mot, ce serait un crime de diviser la famille paroissiale à laquelle les enfants prodigues aussi bien que les enfants fidèles appartiendront toujours, quoi qu'on fasse et quoi qu'on dise.

> Il n'y aura jamais deux Jeunesses ennemies à Saint-Omer.

Une brochure que nous avons publiée en 1898 comme résultat d'expérience personnelle à l'aumônerie du patronage d'Arras dans les exercices des « *Retraites fermées* » redit tout le bien spirituel accompli, en ces circonstances, parmi l'élite des jeunes gens des patronages qui deviennent ensuite apôtres auprès de leurs jeunes camarades.

> Les « Retraites fermées » de Wardrecques.

Nous recommandons ici de tout cœur, la *nouvelle*

maison de retraites établie par M. l'abbé Oudin sous le vocable de « *l'Ave Maria* », à *Wardrecques* près Saint-Omer. *Cet asile situé dans un site enchanteur* est ouvert toute l'année aux retraitants de toutes les catégories, désireux de se recueillir pendant trois jours sur le chemin de leur éternité, afin d'en sanctifier davantage les importantes et décisives étapes.

Aumônier et Prisonniers. Depuis le xixe siècle, le Clergé du Saint-Sépulcre a la charge de *l'aumônerie de la prison* située dans la rue *Taviel*, sur l'emplacement de l'ancienne Communauté du *Bon Pasteur*, et dont la sacristie possède encore un calice provenant de cette maison. Le soin de préparer, le cas échéant, *les condamnés à mort* au redoutable passage de ce monde à l'éternité et d'évangéliser chaque dimanche les âmes délaissées qui s'y trouvent, offrent au Vicaire en charge l'occasion de se rappeler le *rôle de saint Léonard* parmi ses prisonniers, ou de *saint Vincent de Paul* au milieu des galériens.

La « Jeunesse catholique » installée rue de Dunkerque. C'est encore sur le territoire priviligié de la paroisse du Saint-Sépulcre que s'est épanouie dans le confortable local du numéro 116 de la rue de Dunkerque, *l'Œuvre de la Jeunesse Catholique de Saint-Omer, le plus beau fleuron de la couronne d'œuvres sociales*, qui a remplacé pour notre vieille cité sa couronne murale sacrifiée par le démantèlement. Les quelques jeunes gens d'élite que nous avions groupé nous-même dans une première réunion en octobre 1898, sont devenus maintenant légion tant à Saint-Omer, que dans les paroisses suburbaines et toutes celles de l'arrondissement.

Les noms de ses sympathiques aumôniers *MM. les abbés Leclercq et Lupart*, ceux de ses distingués présidents *MM. Georges van Kempen, Joseph Leuliet et Jean Poulain*, celui de *M. Pierre Decroos*, son vice-président, ceux de son dévoué trésorier, *M. Maurice Guilbert*, et de ses secrétaires *MM. Tourneur, Abel Drieux, Pierre Bellanger et Jules Courageux*, celui enfin de l'infatigable gérant de son bulletin mensuel, *M. Léon Brongniart*, rappellent tout un passé de fructueuse action catholique.

Tour à tour, nous avons vu *ces chefs vaillants* donner avec leurs troupes disciplinées, l'exemple, à la Table Sainte, dans les adorations nocturnes et diurnes, dans les processions et dans toutes nos grandes solennités catholiques toujours si appréciées et si aimées des Audomarois. *Nous les avons vus* dans leurs réunions intimes d'étude, traiter successivement par la plume et par la parole les sujets si divers de la question sociale, en vue de l'apostolat à accomplir tout spécialement auprès de la classe ouvrière. *Nous les avons vus*, enfin, prodiguer sans compter toutes les énergies de leur ardente jeunesse dans les Congrès, les fêtes annuelles, les soirées dramatiques et musicales, et des centaines de Conférences instructives en ville ou à la campagne. Et cela toujours devant des salles combles.

En un mot, les adhérents de la Jeunesse Catholique ont compris la vérité de leur devise « *Jésus-Christ, ou rien* », comme le *Souverain-Pontife Pie X*, ils ont à cœur de tout restaurer dans le Christ, et ils ont mérité d'entendre *leur Évêque bien-aimé* qui est venu lui-même bénir leur nouvelle installation proclamer leur chère Œuvre, la « *première Œuvre de son diocèse* ».

En avant donc, chers jeunes gens ! Oui ! en avant ! vous avez toujours su sagement vous tenir à distance du terrain brûlant et instable de la politique, continuez à demeurer sur l'unique terrain de la divine charité, puisée dans la Sainte Eucharistie, et *l'avenir qui est à Dieu sera aussi à vous.*

CHAPITRE XXVIII

Débuts du Pensionnat Saint-Joseph. — Ses merveilleux développements
et sa prospérité. — Ses Directeurs et ses Aumôniers. — Son remarquable enseignement. — Ses relations avec la Paroisse. — Ce qu'étaient
le Noviciat et le Scolasticat. — Les vénérables « Anciens ». — Le vide
irréparable laissé par le départ du Pensionnat de la Sainte-Famille.
— Transformation de l'orphelinat de Folard. — Services rendus à la
ville de Saint-Omer par les Religieuses de Notre-Dame de Sion. —
Leur chapelle. — L'émouvante supplication du « *Pater dimitte illis* ».
— Le pensionnat paroissial de Mesdemoiselles Lartizien et Carpentier.
— Les écoles neutres communales. — Rôle de l'Etablissement de Valbelle dit l'Hôpital général, au xxᵉ siècle.

**Débuts
du Pensionnat
Saint-Joseph.**

Il nous reste maintenant à dire *un mot des maisons
d'éducation* dont le souvenir est inséparable de la paroisse du Saint-Sépulcre.

C'est en 1854 que le *Pensionnat Saint-Joseph* fut fondé
par le *cher Frère Honoré*, mais le noviciat des Frères se
trouvait déjà installé depuis dix ans à cette époque dans
l'ancienne fabrique de draps de *M. Julien Pley* dont les
bâtiments, successivement complétés, sont devenus la
maison modèle qui faisait le légitime orgueil de la paroisse du Saint-Sépulcre au début du xxᵉ siècle. Déjà,
en 1844, nous voyons *M. le chanoine Dumetz*, curé-
doyen du Saint-Sépulcre et alors vicaire général, bénir
le premier oratoire de ce Noviciat. La première pierre
de la chapelle actuelle offerte par *M. Thilloy-Lecoustre*,
paroissien du Saint-Sépulcre, fut posée en 1852. — En

1863, *M. le chanoine Lœuillet,* qui avait offert la table de communion, érigea solennellement le chemin de la croix. — *Madame Hamy* fit don de la lampe du sanctuaire. — L'orgue, qui fut cédé plus tard à la paroisse de Sainte-Marie-Capelle, provenait du chœur de la cathédrale d'Arras et avait été donné par *M. l'abbé Lesage,* aumônier. — En 1866, les élèves offrirent une statue du Sacré-Cœur. — En 1877, M. le chanoine Doublet bénit la statue monumentale du Sacré-Cœur, placée dans la cour, au chevet de la chapelle. — En 1888, grâce à la générosité du *cher Frère Fidentien,* la chapelle et particulièrement l'autel reçurent de nouvelles décorations à l'occasion des *fêtes de la Béatification du Bienheureux Jean-Baptiste de la Salle.*

Les années 1890 et 1897 virent l'exhaussement des bâtiments sur la rue Édouard-Devaux. *Le nombre des élèves du Pensionnat* qui s'élevait à 243 en 1858, à plus de quatre cents en 1875, à 419 en 1885, à 479 en 1907, montait à 518 en 1908, au moment douloureux où les Frères, suivis par près de 350 de leurs élèves, durent aller chercher sur la terre d'exil, à L'Écluse, dans la Hollande hospitalière, la liberté qu'on leur refusait en France.

Ses merveilleux développements et sa prospérité.

Durant cinquante-quatre ans, trois hommes de Dieu, *les chers Frères Honoré, Fidèle et Évariste-Abel* dirigèrent le Pensionnat dont la prospérité fut toujours grandissante. Ils furent vaillamment secondés par les chers Frères *Fidèle-Marie, Eusébias, Éloi, Éméris et Éliacim.*

Ses Directeurs et ses Aumôniers.

L'aumônerie du Pensionnat fut confiée successivement à *M. l'abbé Lesage, M. l'abbé Leclercq, M. l'abbé Robert, M. l'abbé Oudin, M. le chanoine Doublet et ses vicaires MM. Sockeel, Vitasse, Labille et Guilbert, les RR. PP. jésuites Richard, Munier Lahr, Mabille, Dussart et Fernhœs,*

M. l'abbé Caron, M. l'abbé Briet et M. l'abbé Lefebvre.
Tous ces prêtres zélés ont donc formé des milliers
d'élèves qui, depuis cinquante ans dans les deux diocèses du Nord et du Pas-de-Calais, ont fait dignement
honneur à l'éducation religieuse qu'ils avaient reçue de
leurs Aumôniers et de leurs Maîtres vénérés.

Son remarquable enseignement.

L'enseignement donné au Pensionnat était un enseignement éminemment pratique s'adaptant au commerce, à
l'industrie et à l'agriculture, en y préparant les élèves
d'abord à un diplôme de fin d'études, puis à un diplôme
d'enseignement secondaire spécial, enfin, au baccalau-
réat d'enseignement moderne. — En 1865, à l'exposition
nationale des beaux-arts, le Pensionnat obtint dix men-
tions honorables et un deuxième prix. — En 1867, un
diplôme de coopération à la médaille d'or obtenue à
l'exposition universelle par l'Institut. — En 1900, huit
certificats de participation aux récompenses accordées à
l'Institut général des Frères.

Depuis le démantèlement une superbe salle de fêtes,
plusieurs classes et de vastes ateliers de menuiserie et
d'ajustage et un bassin de natation avaient complété
l'aménagement de cette maison modèle, la première de
toute la région.

Ses relations avec la Paroisse.

Chaque année, les élèves des Frères chantaient le salut
solennel de la fête de l'Immaculée-Conception, *à la paroisse du Saint-Sépulcre*, au milieu d'une affluence considérable. *Leur pèlerinage* pendant la neuvaine de Notre-
Dame des Miracles était toujours très remarqué et,
pendant longtemps, ils furent chargés de l'*interprétation
musicale de l'office pontifical.* Enfin, *aux processions* du
Très Saint-Sacrement, la paroisse du Saint-Sépulcre
pouvait être fière du cortège de ses quatre cents jeunes
paroissiens à l'allure tout à la fois recueillie et militaire,

L'ÉTABLISSEMENT DE VALBELLE (XVIIIe SIÈCLE)
(HOPITAL GÉNÉRAL)

et précédés de la puissante et harmonieuse musique de l'établissement.

Faut-il ajouter que de ce merveilleux passé auquel tous les Audomarois restent fidèlement attachés, jusqu'au moment où l'ère de la justice et de la liberté sonnera de nouveau pour la France, il n'existe plus que d'immenses bâtiments tristement déserts, toujours debout pour la plus grande honte du sectarisme et de l'impiété maçonnique et au grand détriment du commerce audomarois.

Le Pensionnat Saint-Joseph de « L'Écluse », malgré les charmes de l'hospitalité Hollandaise et sa confortable installation, conserve néanmoins les rapports les plus étroits avec la ville de Saint-Omer. *En attendant l'heure tant désirée d'un heureux retour,* il organise de temps à autre des trains spéciaux qui permettent aux parents des élèves, aux amis si nombreux des Frères et à leurs anciens élèves d'aller redire aux chers exilés que *le cœur de la France est toujours avec eux.*

Ne séparons pas du Pensionnat la maison du Noviciat, rue du Soleil, autrefois l'ancienne communauté des Sœurs hospitalières, dites du Soleil, et qui est présentement affectée à la *maison de retraite* des Frères âgés et infirmes.

Le Noviciat des Frères rétabli en 1810 par le *Frère Gerbaud* à l'école Sainte-Marguerite, fut transporté en 1844 sur le quai des Tanneurs, où *M. le chanoine Dumetz,* curé-doyen du Saint-Sépulcre, bénit son premier oratoire. — En 1860, on construisit le *grand bâtiment carré* placé à l'ouest du Pensionnat Saint-Joseph pour l'affecter à ce Noviciat, mais, en 1867, il fut définitivement tranféré rue du Soleil. C'est là qu'il fut dirigé par les *Frères Josaphat, Englemond, Eustache, Edmer de Jésus, Eupergius, Fernandus* et *Euverte-Marie.* — *Un petit noviciat* comprenant des enfants de 13 à 16 ans, qui faisaient

Ce qu'étaient
le Noviciat
et le Scolasticat.

ensuite un an de scolasticat, y fut adjoint en 1873, sous la direction des Frères *Kostka, Elpinus, Exupère des Anges, Émile-Henri, Brice-Clément*, et, pour le *Scolasticat*, celle des Frères *Emmanuel de Jésus* et *Edmond*. — En mars 1885, ces deux sections furent installées à *la Malassise*, dans l'ancienne Communauté des Bénédictines du Saint-Sacrement, où les Frères sont encore locataires d'une Société civile régulièrement constituée.

Les vénérables « Anciens ».

La maison de la rue du Soleil demeure toujours la *maison de retraite des Frères âgés et infirmes* qui achèvent dans la prière et les souffrances chrétiennement supportées, une vie toute d'abnégation bien méritoire devant Dieu et généreusement usée au service de la jeunesse française. Leur récompense sera belle dans le Ciel.

Depuis M. l'abbé *Graux*, qui fut son premier chapelain, la Communauté de la rue du Soleil a, pour aumônier titulaire depuis 1888, M. le *chanoine Bled*, qui a écrit, en 1906, l'*Histoire des Frères* et de leur enseignement dans les écoles communales de la ville de Saint-Omer de 1719-1906.

Le vide irréparable laissé par le départ du Pensionnat de la Sainte-Famille.

Le nom du Pensionnat de la Sainte-Famille est inséparable de celui de la paroisse du Saint-Sépulcre. Les Religieuses qui dirigeaient cette maison depuis 1817 appartenaient à la Congrégation des Sœurs de la *Sainte-Famille d'Amiens*, et elles avaient succédé comme institutrices aux excellentes paroissiennes, les demoiselles Feutrel, dont nous avons eu à parler plusieurs fois au cours de ce volume. *Les élèves de la Sainte-Famille,* dont le chiffre atteignait près de deux cents au moment où l'implacable et indigne persécution est venue, en 1906, fermer leur cher Pensionnat, occupaient une place d'honneur dans le haut et à droite de l'église paroissiale dont elles suivaient pieusement et régulièrement tous les exercices. Sous la direction spirituelle éclairée de plusieurs *Professeurs du collège Saint-Bertin* et conduite par deux Supérieures, *Sœur Thérèse* et *Sœur Dosithée*, éducatrices tout à fait remarquables, la Maison obtint, chaque année, de brillants succès aux examens du brevet simple et du brevet supérieur. *Elles sont légion, les excellentes mères de famille* qui ont puisé dans cet asile béni toutes les grâces de choix qui les soutiendront toujours au milieu des difficultés de la vie, et le souvenir de leurs Maîtresses bien-aimées dont elles demandent à Dieu le retour, restera toujours leur invincible sauvegarde. *Elles resteront fidèles* aux conseils que leur dernier Aumônier, *M. l'abbé Bouxin*, leur a donné à l'inoubliable et dernière messe d'adieux, en attendant des jours meilleurs. Le 18 février 1908, un *obit solennel*, groupant toutes les anciennes élèves de la Sainte-Famille, a été chanté, à l'église du Saint-Sépulcre, pour le repos de l'âme de la vénérée Mère Thérèse, décédée sur la terre d'exil. *Que la pensée du Ciel* où leur bonne Mère les attend, soutienne toujours les âmes qu'elle a tant aimées ici-bas.

C'est immédiatement après la guerre de 1870, que les *Religieuses de Notre-Dame de Sion* vinrent s'établir rue Courteville, dans la vaste maison où l'inépuisable charité de *Mesdemoiselles de Folard et Hermant* avaient déjà fondé un orphelinat pour les jeunes filles de la classe ouvrière. *Elles ont été, depuis lors, une véritable Providence* pour la paroisse du Saint-Sépulcre, et sous la sage et intelligente direction des Révérendes Mère Marie-Joséphine, Mère Marie-Michaël, Mère Marie-Fidès, Mère Marie-David et Mère Marie-Amata, la Maison de Sion, au milieu même de toutes les angoisses de la persécution, est restée *un admirable foyer d'œuvres sociales.*

MM. les abbés Fasquel, Courtois, Delannoy, de Longueval et M. le chanoine Décrouïlle, aumôniers de la Communauté, en furent tour à tour les zélés inspirateurs. Chacun sait l'autorité que M. le chanoine Décrouïlle, aumônier depuis 1891, s'est acquise *comme orateur sacré* et comme conférencier à Saint-Omer et dans plusieurs diocèses où il a été appelé à prêcher différentes retraites ecclésiastiques, et *comme auteur* d'ouvrages très estimés pour les prêtres, ainsi qu'un livre de méditations liturgiques, un ouvrage très complet sur la Sainte Messe et un autre sur « les sacrements expliqués et mis à la portée des fidèles ». M. le chanoine Décrouïlle fut nommé pendant quelque temps administrateur de la cure du Saint-Sépulcre, à la mort de M. l'abbé Vanherdrick.

Services rendus à la ville de Saint-Omer par les Religieuses de Notre-Dame de Sion.

Aux œuvres de Patronage déjà existantes, *l'Orphelinat, l'Œuvre de Marie* et *l'Œuvre de l'Association,* œuvre fondée par la vénérée *Mme d'Hunval,* devenue dans la suite *Mère Marie-Michaël de Sion,* vint s'ajouter *un Pensionnat* dont la prospérité ne s'est jamais démentie un instant et qui a formé, depuis près de quarante ans, l'élite des jeunes filles de la société audomaroise. *Un asile, deux ouvroirs, un externat* s'épanouirent comme autant de fleurs sous l'action suave de la divine charité dans le parterre Sionien et le tout fut complété par un « dispensaire » pour les blessés, installé dans les meilleures conditions et auquel tous les ouvriers et les pauvres de la ville peuvent recourir gratuitement. *Les Religieuses de Notre-Dame de Sion* peuvent donc être considérées comme les bienfaitrices de toutes les classes de la société audomaroise et la grande part que leurs anciennes élèves du Pensionnat prennent avec un entier désintéressement à l' « *Œuvre de Marie* », à l' « *Œuvre de l'Association* » et à *toutes les œuvres paroissiales*, suffit pour prouver l'excellente formation sociale qu'elles savent imprimer aux âmes qui leur sont confiées.

La chapelle moderne et gothique, avec sa galerie extérieure et son vaste sous-sol, son autel et sa chaire remarquables, le fini de l'exécution des chants qui y sont interprétés, l'atmosphère de recueillement qui y règne, fait toujours impression sur les âmes des assistants privilégiés de ses cérémonies.

Que Notre-Dame de Sion obtienne à la ville de Saint-Omer, de continuer à entendre toujours, *la triple et émouvante supplication* qui, chaque jour, s'élève vers le ciel du sein de ce pieux sanctuaire après l'élévation de la messe « *Pater dimitte illis !* » Père pardonnez-leur, oui pardonnez non seulement à la race Juive dont les Filles de Sion poursuivent avec persévérance la conversion à travers l'univers catholique, mais pardonnez aussi aux persécuteurs de France qui, dans leur rage aveugle, n'ont plus l'air de comprendre tout l'odieux de leur conduite.

La paroisse du Saint-Sépulcre a donné son nom à un pensionnat de jeunes filles également digne de tout éloge et qui, depuis 1879, se trouve installé dans la rue du Saint-Sépulcre.

Cette maison, primitivement placée sous la direction de *Mesdemoiselles Tresca*, au numéro 163 de la rue de Dunkerque, fut reprise en 1868 par *Mesdemoiselles Lartizien* qui, intelligemment secondées par des sous-maîtresses dévouées au milieu desquelles Mademoiselle Guedré mérite une mention spéciale, travaillèrent efficacement à l'éducation et à l'instruction chrétiennes des jeunes audomaroises. *Mesdemoiselles Carpentier* qui, en 1907, après le court passage de *Mesdemoiselles Devers et Oswald* appelées à se dévouer à l'Institution Notre-

Dame, succédèrent à Mademoiselle Lartizien, continuent *les excellentes traditions de fidélité à la paroisse* que leur a léguées leur vénérée devancière. *Mademoiselle Lartizien* non seulement réservait à ses élèves l'assistance aux offices de la paroisse, mais elle leur ménageait encore des catéchismes spéciaux dont *M. le vicaire Sockeel* fut le fondateur. Elle a également établi une *Congrégation d'Enfants de Marie*, placée sous le vocable de Notre-Dame des Victoires, dont la bannière figure à la procession du Saint-Sacrement et, depuis 1895, à l'occasion de son heureux jubilé d'institutrice, elle a sagement fondé une *réunion annuelle d'anciennes élèves*, avec une messe à la paroisse et un obit le lendemain pour les associées défuntes. *Ce pensionnat, qui a groupé jusqu'à 150 élèves*, prépare aux examens du brevet supérieur, du brevet simple et du certificat, et les succès de son passé répondent de ceux de l'avenir.

Les écoles neutres communales. C'est à *Mesdemoiselles Lallemand*, à *Mademoiselle Théry* et à *Madame Basset* qu'a été confiée, depuis son origine, l'école des filles de la rue Courteville, où *la neutralité est imposée par la loi civile* en matière d'enseignement, comme dans l'école laïque des garçons qui, à partir de 1885, a remplacé dans la rue Taviel, l'école des Frères qui y enseignaient depuis 1724. *Le Clergé paroissial, les Parents et les Catéchistes volontaires* ont compris que les âmes des enfants qui fréquentaient ces écoles méritaient une double sollicitude et toutes les œuvres, dont nous avons parlé au cours de cet ouvrage, sont destinées à suppléer à *l'insuffisance absolue de la morale sans Dieu*.

C'est en 1824 *que l'Établissement de Valbelle, dit Hôpital général*, dont nous avons retracé, plus haut, l'histoire avant la Révolution, fut remis par la Commission des Hospices de la Ville, désormais détentrice des biens de

NN. SS. les Évêques de Valbelle, entre les mains *des Sœurs de Charité, les dignes filles de saint Vincent de Paul.*

En 1810, les *Administrateurs des Hospices* voulant rendre un témoignage public de reconnaissance aux illustres bienfaiteurs de l'humanité souffrante, leur ont fait élever un monument en marbre, dans la chapelle de l'établissement, avec l'inscription suivante :

Trois Prélats vertueux, protecteurs de l'enfance,
Ont offert cet asile à la simple innocence.
L'indigence y trouva la fin de ses malheurs,
La faiblesse un soutien et l'orphelin un père,
Le travail en écarte à jamais la misère,
Jeunes enfants, séchez vos pleurs :
En célébrant de Dieu la bonté paternelle,
En élevant vers Lui vos timides accents
Rappelez-Lui, dans vos chants innocents,
Et les vertus et les noms des Valbelle.

Avant 1824, la maison était dirigée par *Mademoiselle Wallet* pour les *enfants trouvés* déposés dans un « *tour* » sur la rue *des Corroyeurs. Pour les garçons,* par *Mesdemoiselles Dehenne, Jourdain, Boidin, Craussart et Bectun. Pour les filles,* par *Mesdemoiselles Despretz, Clément, Cappe, Podevin et Bodecot.*

Jusqu'en 1870, les Sœurs de Charité présidaient non seulement à la *direction des ateliers* qui existaient dans la maison, mais elles faisaient aussi la *classe* aux enfants des deux sexes, orphelins ou placés par leurs parents trop pauvres et chargés d'une famille nombreuse. C'est aussi à cette époque que la *Congrégation paroissiale des Enfants de Marie* fut transférée de cette maison à la Communauté de *Notre-Dame de Sion.* De nos jours, les jeunes gens sont mis en apprentissage dans les divers ateliers de la ville et les jeunes filles se préparent à leurs devoirs de futures ménagères dans *un ouvroir* habilement et maternellement dirigé par les Religieuses et des Sous-maîtresses dévouées. Quant aux écoliers et écolières, ils fréquentent les écoles laïques communales. *Les Sœurs de Charité* sont aussi chargées d'une section des *enfants assistés,* réservant une part bien légitime de leur meilleure affection pour ces pauvres petits si privés des joies de la famille.

C'est au zèle éclairé et apostolique de *MM. les abbés Petitpré, Delattre, Boidin, Dumetz, Legrand, Duchesne, Deneuville, de Taffin, Fasquel, Hérogué, Dachez et Pillons* que les destinées spirituelles de cette maison ont été confiées depuis 1802.

A l'Hôpital général, les noms des Sœurs supérieures *Héran, Tiblier, Martin et Munier* sont pour toujours gravés dans les cœurs.

La Communauté de l'Hôpital général prend part aux offices de la paroisse du Saint-Sépulcre, et se joint à son cortège aux processions. Ses jeunes gens composaient même autrefois la « *Maîtrise* » et y trouvaient une formation musicale appréciée et toujours utile.

CHAPITRE XXIX

La lecture attentive du présent volume, aura permis
aux Paroissiens du Saint-Sépulcre de découvrir progres-
sivement le « *Secret du vrai bonheur* », dont nous avons
promis la révélation, en première page, et il nous reste
en terminant, à préciser ici, brièvement, cette intéressante question, capitale entre toutes.

Rappelons d'abord qu'il faut distinguer deux sortes de
bonheur, *l'un absolu* qu'on peut définir « une plénitude
de satisfaction, d'une durée assurée et qui ne laisse
place à aucun désir et à aucune crainte », *l'autre relatif*
qui est « un état d'âme, un contentement intérieur,
essentiellement variable et fragile en raison des vicissitudes de l'existence et qui a sa source dans deux
ordres de satisfactions : celles qui dépendent de nous-
mêmes et celles qui nous viennent des biens extérieurs ».

Le Secret
du
vrai bonheur.

Bonheur absolu
et
Bonheur relatif.

14

Le bonheur absolu et parfait n'a jamais été de ce monde, et *le Ciel* seul, nous le donnera. *Quant au bonheur relatif,* nous le possédons quand nous avons la conviction que nous sommes dans notre voie, c'est-à-dire dans l'ordre des desseins providentiels de Dieu sur nous. Aussi, quand Dieu, secondant nos efforts, dans la mesure que Sa Sagesse choisit, nous bénit dans notre santé et dans nos biens ; quand nous recueillons des amitiés sincères et pures, quand nous sentons autour de nous comme une atmosphère de sympathie et d'estime, quand enfin après les fatigues du travail nous pouvons nous procurer quelques délassements récréatifs, si nous sommes bons chrétiens, tout alors s'épanouit en nous sous le regard de notre Père céleste.

Ce bonheur peut être le partage du pauvre et de l'ouvrier aussi bien que du riche, pourvu qu'ils le cherchent là où Dieu l'a placé.

Le prétendu bonheur apparent des gens sans religion.

Pourquoi, dira-t-on, les bons ne sont-ils pas mieux partagés que les pervers sous le rapport du bien-être et des plaisirs permis ? *Voici la réponse* catholique et évangélique à ce pourquoi. *D'abord,* Dieu bon et miséricordieux fait luire son soleil sur ses enfants ingrats comme sur ses enfants fidèles et Il récompense, même dès ce monde, certain esbonnes qualités naturelles des impies, afin de trouver le chemin de leur cœur et de les ramener à Lui. Il ne leur ménage pas non plus, dans ce but, les inspirations de la grâce. *De plus, Dieu veut dans la société l'inégalité des conditions,* sans laquelle toute société serait impossible, chacun aura à rendre compte dans l'éternité des talents qu'il aura reçus. Si la Divine Providence exauçait toujours les justes quand ils demandent des biens temporels, ou si elle punissait immédiatement les pécheurs, où seraient les adorateurs de Dieu en esprit et en vérité ? On ne chercherait plus sa gloire, on n'agirait plus envers Lui par amour, et mercenaires sans cœur et sans dignité nous n'aurions plus d'autre objectif que les faveurs temporelles à obtenir. *Enfin Dieu est patient*, car Il est éternel, et si tel impie est favorisé aujourd'hui de la santé et de la fortune, les'possédera-t-il encore demain ? L'expérience quotidienne prouve que non.

Il est donc faux de dire que les gens sans religion réussissent toujours, et il est au contraire certain que l'homme vertueux, même au milieu des plus dures épreuves, nous allons le montrer, est seul vraiment heureux, parce que la Religion est la source la plus féconde des biens qui peuvent contribuer à notre bonheur terrestre. *Les sages du monde*, les Saints et les grands Chrétiens, de concert avec la Sainte Écriture, proclament, à l'envi, que la route du bonheur se trouve dans la fidélité à la Loi divine.

Parcourons quelques-unes des étapes de cette mystérieuse route du bonheur tant recherchée de tous. Et d'abord la richesse nécessaire pour l'entretien et l'agrément de la vie, est chose excellente en elle-même. *Ce qui est condamnable*, c'est le cœur étroit, égoïste, abaissé, qui ne sait pas partager avec ses semblables ; c'est aussi cet amour désordonné des richesses prôné par certaines doctrines modernes troublantes et pleines d'illusions et qui rendent à tort le pauvre, l'ouvrier et le domestique jaloux et envieux à l'égard des favorisés de la fortune ; *ce qui est condamnable*, c'est aussi bien chez le pauvre que chez le riche, cet amour inquiet et passionné de l'argent qui fait sacrifier, Dieu, la vertu, la conscience, l'âme même au désir de s'enrichir, d'acquérir ou de conserver une place lucrative, et d'augmenter outre mesure ses gains dans le commerce et l'industrie.

Les étapes
de la
route mystérieuse
du bonheur.
La richesse.

Paroissiens du Saint-Sépulcre, propriétaires et locataires, patrons et ouvriers, soyez sincères, et reconnaissez qu'en toute vérité, la Religion augmente votre fortune en modérant vos désirs et vos passions toujours prêtes à se laisser entraîner par le superflu et un luxe dispendieux, en vous inspirant l'esprit de travail et en attirant sur vos familles les bénédictions divines.

La santé, elle aussi, est une source de bonheur, et l'ordre, la sobriété et le calme dès passions que comporte la vie vraiment chrétienne, nous aident à ·la conserver. Si nous venons à perdre ce trésor précieux entre tous, Dieu veille avec une providence spéciale sur la sympathique légion des souffrants de ce monde, et dans les maisons religieuses hospitalières comme aux foyers chrétiens, l'action divine intervient dans tous les dévouements dont ils sont l'objet.

Mères, épouses, sœurs et filles chrétiennes, Religieuses de la Charité et de Notre-Dame de Sion, Dames de la Maternité et des Pauvres malades, comprenez-le de plus en plus, vous êtes les mandataires de la bonté de Dieu auprès des malades et des infirmes de notre grande famile paroissiale du Saint-Sépulcre. *Ce mandat*, remplissez-le de mieux en mieux en devenant de ferventes chrétiennes et de vraies saintes, et en touchant les cœurs par vos admirables dévouements, vous les donnerez à Jésus-Christ, votre premier inspirateur. *Quant à vous, chers malades*, privés des joies si légitimes de la société, oubliés même peut-être de tous, à cause de votre grand âge, rappelez-vous que vous êtes toujours membres de la famille paroissiale. Unissez-vous donc de cœur à ses prières et à ses cérémonies et, avec la *visite du médecin chrétien*, sollicitez aussi avec confiance la *visite de vos prêtres*. Bien plus, sollicitez *la visite de Jésus-Christ Lui-*

même à Pâques et aux grandes fêtes, et, si Dieu vous y appelle, réclamez la grâce par excellence de la Sainte Communion que les règles liturgiques vous accordent tous les quinze jours.

Après la richesse et la santé, la joie est pour l'homme sur la terre une *troisième source de bonheur.* Elle consiste dans une sorte d'épanouissement plus complet, de satisfaction plus vive, plus profonde des facultés de l'homme à la rencontre et dans la possession du vrai, du bon et du beau.

Or la joie du chrétien, c'est *Jésus-Christ lui-même,* qui disait à ses Apôtres « Si je vous parle de ces choses, c'est afin que ma joie soit en vous et que vous soyez remplis de cette joie ». De son côté, *l'Église notre Mère* dans son enseignement, dans ses cérémonies et par la joie des Sacrements met à notre disposition les sources de la véritable joie, que tous les fervents chrétiens éprouvent dans la mesure de leur innocence et la vigueur de leur vertu. *La joie en un mot* est l'atmosphère de nos familles, de nos écoles et de nos pensionnats chrétiens. Nous la trouverons toujours quand nous saurons sacrifier les plaisirs dangereux tels que les bals mal fréquentés, les théâtres licencieux et les autres réunions mondaines du même genre, dont un philosophe autorisé a dit, que leur prospérité, était comme le thermomètre infaillible de la dégradation des peuples.

Adolescents, sans expérience à l'entrée de la vie, n'attendez pas pour réfléchir, les tristes lendemains des journées où vous avez recherché les faux plaisirs, et ne désirez jamais que les *joies saines et honnêtes* que Dieu lui-même multiplie autour de vous. Mettez-vous surtout en garde contre les *lectures malsaines des romans* qui attaquent directement les mœurs ou la Foi, *des journaux*

Les sources de la véritable joie.

Les lectures malsaines chancre rongeur des âmes.

qui par leurs articles de fond prétendus scientifiques, leurs faits-divers ou leurs feuilletons, ne cessent de saper dans les âmes l'œuvre du Christ et de son Église et d'empoisonner les mœurs chrétiennes. Il est question de balayer comme dans les autres Pays toutes les revues pornographiques qui encombrent les bibliothèques des Compagnies de chemin de fer, ce n'est pas trop tôt ; puissent toutes les vitrines de notre ville avoir aussi le respect des âmes !

Jeunes gens, qui voulez conserver *la véritable joie,* souvenez-vous que *les romans,* même passables et pris à petites doses, sont toujours nuisibles. En effet, ces romans dégoûtent toujours plus ou moins de la vie pratique et positive pour faire vivre leurs lecteurs dans un monde purement imaginaire, et mettent je ne sais quel vide et quelle inclination à *la mélancolie dans les âmes.* Enfin, ils refroidissent la piété, et font perdre le goût des lectures sérieuses et un temps précieux.

Vaine gloire et vraie grandeur. La Religion catholique qui exalte avant tout l'humilité, source de la véritable grandeur à la suite de son Divin Maître, ne condamne pas pour cela la vraie grandeur des saints et des hommes éminents, mais elle nous met en garde contre la *vaine gloire* qui consiste à se substituer à Dieu, comme si on était l'auteur de ce que l'on a, ou encore, à agir non par conscience et devoir, mais par le pur motif de plaire aux hommes. *La véritable gloire* que Dieu approuve consiste, de son côté, dans la connaissance que nous avons nous-mêmes et qu'ont les autres des biens que Dieu a mis en nous et dont nous reconnaissons et acclamons Dieu comme l'auteur, voulant que toute louange lui soit donnée avant tout.

Une quatrième et dernière source de bonheur, c'est l'affection chrétienne. La première faculté de l'homme, créé à l'image de Dieu, *c'est son cœur ;* son premier besoin c'est d'aimer et d'être aimé. Or la Religion catholique non seulement fait de *l'amour chrétien, la grande loi sociale,* mais elle le met encore dans les cœurs, en les guérissant de la sensualité et de l'égoïsme et en leur infusant quelque chose des bontés, des dévouements et des tendresses du Cœur de Jésus-Christ. *Les premiers chrétiens,* que les perturbateurs modernes pourraient imiter au lieu de semer la haine inféconde, réalisèrent cette union des âmes, des vies et des intérêts de tous dans le Christ. L'intelligence pratique de l' *« Oraison dominicale »* renferme toute la science de la fraternité universelle et nos Gouvernants devraient comprendre que les progrès des peuples, dans la science de la divine charité, leur sont plus nécessaires que les progrès dans la littérature, dans les arts, dans le commerce et l'industrie, progrès eux-mêmes d'ailleurs très respectables et à encourager. Quand le précepte de Jésus-Christ *« Aimez-vous les uns les autres »* aura été compris et mis en pratique, *la question sociale sera pleinement résolue.*

> *L'importante loi sociale de l'amour chrétien.*

C'est surtout au foyer de la famille, quand elle est chrétienne, que la sainte affection opère ses merveilles. *Pères et Mères, soyez de vrais chrétiens,* donnez à vos enfants la crainte de Dieu et l'amour de Jésus-Christ et la Religion fera de votre foyer domestique un parfait cénacle de félicités. *Maîtres et Maîtresses de maison,* qui vous plaignez tant de ne plus pouvoir retrouver dans vos employés ou vos domestiques la fidélité des anciennes générations, songez avant tout à la formation et à la sauvegarde de leurs âmes, et Dieu aidant, vous parviendrez à refaire cette race bénie de serviteurs d'autrefois qui s'attachaient et se dévouaient si géné-

> *Idéal à réaliser au foyer de la Famille.*

reusement à leurs maîtres, et contribuaient grandement au bien-être et au bonheur de leur famille adoptive. Quant à l'amitié chrétienne, nous n'en dirons qu'un mot en en donnant la définition. « *L'amitié est un attachement réciproque, basé sur l'estime et se traduisant surtout par la confiance. Il a pour but de procurer ici-bas plus de bonheur par plus de vertu* ». Le secret de la parfaite amitié consiste à aimer en Dieu, c'est-à-dire à placer en Dieu son principe, son motif et son but.

Mission réparatrice et sanctifiante de la douleur. Si, comme nous venons de le voir, la pratique des vertus chrétiennes réserve aux âmes un véritable bonheur relatif, il faut avouer en même temps *que la douleur se mêle toujours à nos joies en ce monde*. Mais ici encore le vrai chrétien, instruit des fâcheuses conséquences de la faute originelle, sait que cette douleur l'aide à expier ses fautes personnelles et celles des autres, et il s'y résigne ; il ira même parfois plus loin, et constatant avec bonheur que la croix éclaire et rend humble, qu'elle réveille la délicatesse de la conscience et dispose l'âme à s'élever aux vues les plus hautes de l'Evangile, il aimera de toute son âme comme les saints cette croix qui n'est autre que celle de Jésus Crucifié. *Ces âmes d'élite sont heureusement encore plus nombreuses qu'on ne pense* et on les rencontre dans toutes les classes de la société, qu'elles sachent qu'avant tout *la sainteté, c'est l'union de notre volonté à celle de Dieu* et par suite la recherche en toute chose de la perfection. Pour savoir où nous en sommes sur cette voie, examinons si vraiment nous cherchons Dieu. La souffrance ennoblit et purifie les âmes, et elle les prémunit contre les défaillances futures. Elle a aussi pour effet de nous détacher des biens terrestres pour nous faire aspirer après ceux de l'éternité. En un mot, elle mérite bien le

titre qu'un grand poète national aimé lui a donné :
« La Bonne souffrance ». Puisse la lecture de ces lignes
multiplier *les âmes saintes et ferventes dans la Paroisse
du Saint-Sépulcre,* en raison même de la tiédeur et de
l'indifférence des temps présents.

La joie de l'âme, nous la trouvons encore dans le
pécheur sincèrement contrit et repentant. Combien de
paroissiens du Saint-Sépulcre, sachant les facilités du
retour à Dieu, en sont cependant privés par leur faute,
hélas ! Cette joie est aussi réservée à la vertu qui ne procure pas nécessairement le plaisir et demande même
parfois le sacrifice, mais donne toujours une part de
vrai bonheur. Enfin la charité, corporelle et spirituelle,
la chasteté et surtout la prière, réservent d'ineffables
consolations aux âmes de bonne volonté. Pour les vrais
serviteurs de Dieu la mort est une béatitude, car elle est
la fin du péché et de tous les périls de l'âme, la fin de
l'exil, de la douleur et de toutes les tristesses du cœur,
en un mot, elle est l'entrée dans la joie éternelle du Seigneur, et la prise de possession définitive du foyer paternel. *Pensons plus souvent au Ciel* qui, seul, nous donnera le bonheur absolu, et n'oublions jamais, aussi
longtemps que la Divine Providence nous maintiendra
pour notre bien sur la terre d'exil, que *la joie de la bonne
conscience* constitue le premier idéal du vrai bonheur
réalisable ici-bas.

CHAPITRE XXX

CONCLUSION

Un dernier appel rempli des meilleures espérances à la grande famille paroissiale du Saint-Sépulcre

L'amour du clocher et de la Paroisse. — L'esprit paroissial. — Devoir social et responsabilités des Paroissiens. — La Confiance des Familles ouvrières. — Arrière ! le lâche respect humain, le méprisable tyran des consciences — Honneur ! au contraire, aux âmes vaillantes. — La Paroisse, dernier rempart de la liberté, de l'égalité et de la fraternité. — Deux inoubliables souvenirs. Au drapeau ! — Union indissoluble des immortelles destinées de l'Eglise et de la France.

L'amour du clocher et de la Paroisse.

Mieux instruits des intéressantes destinées de votre paroisse à travers les âges, dont nous avons ensemble parcouru la captivante histoire, nous avons la confiance, chers Paroissiens du Saint-Sépulcre, que vous aimerez désormais davantage votre antique église aux vastes nefs et au spacieux sanctuaire, et dont le superbe clocher vous rappelle les droits de la justice et de la liberté vaillamment défendus à son ombre.

Mais ce que vous aimerez surtout, ce sera votre paroisse, c'est-à-dire « la société des fidèles placée par l'Évêque sous la conduite et la juridiction d'un Pasteur auquel, ils doivent obéissance et respect, en retour des secours spirituels qu'il est tenu de leur donner ».

L'esprit qui vous animera ce sera l'esprit paroissial, cette adhésion ferme, cette fidélité inébranlable, et cette affection pratique que tout bon chrétien doit avoir pour sa paroisse. Pénétrés de la majesté de *la résidence divine,* vous aurez toujours dans le temple sacré, l'attitude recueillie réclamée par la présence de Notre-Seigneur Jésus-Christ au saint tabernacle. *La prière par excellence,* la Messe dont nous avons expliqué le sens et les cérémonies liturgiques, retiendra toute votre attention et vous vous en ferez un devoir rigoureux chaque dimanche.

Le souvenir des grâces reçues par les Sacrements dans cette même église, ravivera sans cesse votre reconnaissance, et la réception au moins annuelle de la Sainte Eucharistie vous fournira l'occasion de prouver à Dieu et à la famille paroissiale que vous êtes des Catholiques sincères. *Votre attachement* au Souverain-Pontife, à votre Évêque, à votre Clergé se manifestera enfin par votre entier dévoûment à toutes les œuvres paroissiales, que vous saurez soutenir par vos généreuses offrandes.

N'est-il pas merveilleusement puissant *le faisceau pacifique des forces paroissiales* du Saint-Sépulcre ? Que nous manque-t-il donc pour établir le règne de Jésus-Christ dans toutes les âmes sans exception ? — C'est à chacun des paroissiens d'examiner sérieusement devant Dieu ses responsabilités et de répondre à cette question apostolique. *A l'œuvre donc, propriétaires et patrons chrétiens,* qui tenez dans vos mains les destinées matérielles de la classe ouvrière, de grâce, songez davantage à ses destinées surnaturelles, et n'oubliez pas que le mot *patron* est synonyme de celui de *Père. A l'œuvre, représentants des carrières libérales et fonctionnaires,* car c'est de vous surtout que l'on attend l'exemple du respect de l'autorité divine et la pratique sérieuse d'une vie chrétienne exemplaire. Souvenez-vous qu'au jugement, Dieu sera en droit d'exiger davantage de ceux qu'Il aura, comme vous, comblés ici-bas. *A l'œuvre !* plus que jamais, Religieuses enseignantes et hospitalières, vaillantes Catéchistes volontaires, Dames de la Maternité et des Pauvres malades, Dames du Trousseau et du Dispensaire, zélatrices de la Bonne Presse et des Conférences populaires, heureuses « Femmes Françaises », vous avez le rôle consolant de mères et de sœurs dans la grande famille paroissiale, c'est à vous qu'il appartient de la donner à Jésus-Christ. *Pour cela, soyez vous-mêmes les ferventes de l'Eucharistie,* car pour donner Jésus aux âmes, il faut être soi-même tout à Lui.

Et vous, chères familles ouvrières, comprenez qu'avant tout, vos bienfaiteurs et vos bienfaitrices, sous la paternelle direction de votre dévoué Clergé, veulent atteindre vos âmes pour leur rendre la liberté des enfants de Dieu en brisant les liens du respect humain qui les enchaînent. Oh ! saluez-les comme des anges libérateurs, car *ils vous rendront le vrai bonheur.*

En nommant le respect humain, nous venons de dénoncer la maladie générale de notre époque qu'il s'agit de guérir sans tarder. *Le respect humain* peut se définir l'incompréhensible faiblesse d'une âme convaincue en son fond, mais qui rougit extérieurement de sa foi, c'est l'apparent mépris de ce qu'elle respecte et le respect apparent de ce qu'elle méprise. *Lâcheté et hypocrisie,* voilà les deux mots qui résument le respect humain. Audomarois honnêtes, pouvez-vous rester encore à semblable enseigne ? *Sus donc à l'ennemi et au tyran des consciences !* C'est parce que le plus souvent les paroissiens ne sont que *des demi-catholiques,* c'est parce qu'ils ne communient plus au Pain des forts, que l'impiété moderne en fait ses esclaves ; tout le monde le redit, ce qui fait la force des sectaires persécuteurs, ce n'est pas leur nombre, ils sont et seront toujours une infime minorité ! ce ne sont pas leurs qualités ou leurs bienfaits, puisqu'ils multiplient autour d'eux les attentats contre la justice et la liberté et font si triste besogne ; la raison de leur tyrannie, qui n'a que trop duré, *c'est la pénurie des âmes vaillamment chrétiennes.*

Jeunesse Catholique, Catéchistes volontaires, jeunes gens et enfants des écoles libres ou neutres et des Patronages de la Paroisse du Saint-Sépulcre, serrez les rangs, autour du drapeau paroissial qui n'est autre que celui de la France catholique, toujours fille aînée de l'Eglise. Agissez, et en priant même pour la conversion des bourreaux de la liberté française, que vos lèvres généreuses redisent surtout l'invocation qu'on pouvait lire dans une rue de la ville aux fêtes de la béatification de la sainte héroïne nationale : « *Bienheureuse Jeanne d'Arc, multipliez les âmes vaillantes* ». Puisse la paroisse du Saint-Sépulcre rester la fertile pépinière de ces âmes vaillantes, puissent les vocations sacerdotales et religieuses continuer à se multiplier au pied de ses autels, pour le plus grand bien des âmes et la régénération chrétienne de notre société.

Lorsque l'État neutre fit jadis graver sur les églises de la Capitale la devise connue « *Liberté, Égalité et Fraternité* », il ne se doutait pas qu'en agissant ainsi il rendait un magnifique hommage à nos sanctuaires. Ces derniers sont en effet devenus, à l'heure présente, *le dernier rempart protecteur* de ces trois grandes idées, bases de l'ordre social moderne, et, pendant que de l'aveu de tous, l'édifice social craque sinistrement de

Honneur !
au contraire
aux
âmes vaillantes.

La Paroisse
dernier rempart
de la liberté
de l'égalité
et de la fraternité.

toutes parts parce qu'on a voulu enlever la pierre fondamentale qui est Jésus-Christ, c'est dans nos églises catholiques que tous les paroissiens de bonne volonté trouvent encore la réalisation parfaite de la devise tant profanée dans le temple de l'État.

Un dernier mot. Le 18 avril 1909, à Saint-Pierre de Rome, au milieu d'une foule de *50.000 pèlerins* et de *63 Évêques français* parmi lesquels *Mgr l'Évêque d'Arras* occupait une place d'honneur, *le Souverain-Pontife Pie X,* dans un mouvement sublime, baisait avec effusion le drapeau tricolore, scellant ainsi à nouveau l'alliance séculaire de l'Église catholique avec la France.

Le dimanche 6 juin de la même année, sur la terre de Hollande, à « *L'Écluse* », au nouveau Pensionnat Saint-Joseph, dont la paroisse du Saint-Sépulcre espère le retour aux jours de prochaine liberté, au moment du départ des 800 visiteurs français venus là pour consoler les vaillants exilés, les clairons retentirent soudain et les tambours battirent aux champs, *c'était le salut au drapeau de la France !*

Paroissiens du Saint-Sépulcre, nous vous laissons tirer vous-mêmes la conclusion. Et nous nous contentons de vous redire : *Au drapeau ! Oui ! Au drapeau ! pour la France et pour l'Église,* dont votre chère paroisse du Saint-Sépulcre sera toujours, Dieu aidant, et si vous le voulez, une des invincibles citadelles de l'avenir. *La loi de séparation* peut avoir brisé, provisoirement, et par la permission divine, les liens séculaires de l'Église et de la République française, mais *l'Église et la France* resteront inséparablement unies pour l'accomplissement de leurs immortelles et communes destinées.

TABLE DES MATIÈRES

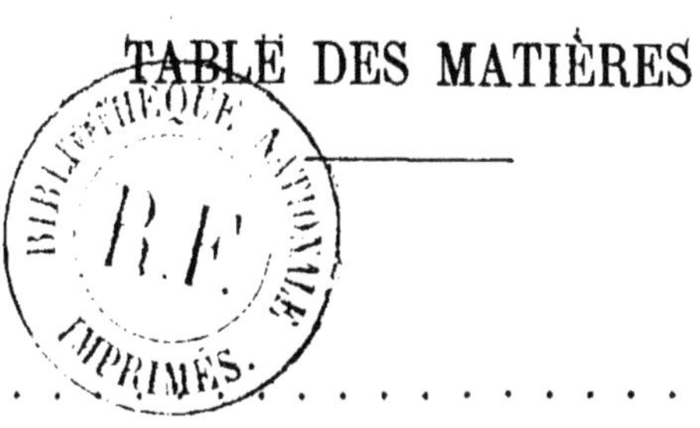

CHAPITRE XXVI

CHAPITRE XXVII

CHAPITRE XXVIII

CHAPITRE XXIX

CHAPITRE XXX

CONCLUSION

Un dernier appel rempli des meilleures espérances à la grande famille paroissiale du Saint-Sépulcre.

FIN DE LA TABLE DES MATIÈRES.

PUBLICATIONS DU MÊME AUTEUR

1º **Notre-Dame des Miracles, saint Omer et saint Bertin,** connus, aimés, honorés à travers les siècles.

Beau volume in-8º de 250 pages. — *Nombreuses gravures et couverture artistique. — 2e mille.*

Cet ouvrage retrace tour à tour *les origines du Christianisme* dans l'antique *Sithiu,* et les destinées au point de vue historique, liturgique et archéologique de la *Collégiale* de Saint-Omer, devenue *Cathédrale* au xvie siècle, puis *Paroisse* et *Basilique* au xixe siècle. L'histoire du culte séculaire de la Vierge des miracles dans sa chapelle de la Grand'Place, avant la Révolution, et de la restauration de son pèlerinage s'y trouve également exposée.

2º **Le Secret du vrai bonheur,** cherché et trouvé dans le passé, le présent et l'avenir de **la paroisse Saint-Denis** à Saint-Omer.

Beau volume in-8º de 220 pages. — *Nombreuses et artistiques gravures. — A 1.000 exemplaires.*

Cet ouvrage décrit non seulement l'intéressante histoire de *la paroisse Saint-Denis* depuis ses origines jusqu'au xxe siècle, mais il rappelle également le souvenir des anciennes paroisses de *Sainte-Marguerite,* de *Saint-Jean-Baptiste* et de *Saint-Martin,* autrefois sur son territoire et disparues à la Révolution. Les Communautés religieuses et surtout l'illustre *Abbaye de Saint-Bertin* y sont aussi à l'honneur. Enfin la paroisse Saint-Denis est successivement présentée comme la Maison de Dieu, le Temple sacré de la prière, la Source vivifiante de toutes les grâces surnaturelles, la Maison de famille, et le merveilleux Centre d'expansion de nombreuses œuvres sociales. *La conclusion prouve* que le secret du vrai bonheur se trouve dans la pleine vitalité de la paroisse et de l'esprit paroissial.

3º **Le Secret du vrai bonheur,** cherché et trouvé dans le passé, le présent et l'avenir de **la paroisse Notre-Dame** à Saint-Omer.

Beau volume in-8º de 220 pages. — *Nombreuses et artistiques gravures.* — A 1.000 exemplaires.

Cet ouvrage retrace à la fois l'histoire de la *Collégiale,* de la *Cathédrale* et de *la paroisse Notre-Dame,* ainsi que celle de *la paroisse Sainte-Aldegonde* qui existait dans le haut de la ville avant la Révolution. — Les Communautés religieuses qui en dépendaient jadis et celles qui en dépendent encore de nos jours y prennent place dans le cadre paroissial. Enfin *la Paroisse Notre-Dame* est tour à tour présentée comme la Maison de Dieu, le Temple sacré de la prière, la Source vivifiante de toutes les grâces surnaturelles, la Maison de famille, et le merveilleux Centre d'expansion de nombreuses œuvres sociales. Comme pour les paroisses du Saint-Sépulcre et de Saint-Denis *la conclusion prouve* que le secret du vrai bonheur se trouve dans la pleine vitalité de la paroisse et de l'esprit paroissial.

4º **La Tour Saint-Bertin, Glorieux souvenir d'un illustre passé, Trésor inestimable pour le présent, Superbe pierre d'attente pour l'avenir.**

Cette brochure illustrée de gravures très réussies, et tirée à mille exemplaires, décrit non seulement les ruines majestueuses qui projettent encore aujourd'hui leur ombre protectrice et séculaire sur la ville de Saint-Omer, mais elle les replace dans leur remarquable cadre d'antan et redit les destinées à travers les âges de la célèbre Abbaye « le Monastère des Monastères » dont elles évoquent l'immortel souvenir.

5º **Histoire populaire de Notre-Dame des Miracles et de son pèlerinage** depuis les origines jusqu'au XXᵉ siècle. — Plusieurs gravures. — A 1.000 exemplaires.

Cette brochure extraite de l'ouvrage complet cité plus haut est destinée à faire connaître et aimer la Très-Sainte Vierge par le peuple audomarois.

6º **Saint Erkembode, Glorieux Patron et Bienfaiteur de la Ville de Saint-Omer.** 3ᵉ édition. Une gravure.

La vie et l'histoire très curieuse de la destinée des reliques de ce saint Évêque à travers les âges, y sont exposées en détail. *Le culte de saint Erkembode* est toujours très suivi de nos jours par des pèlerins de toute la région qui se succèdent, chaque jour, auprès de son tombeau miraculeux.

7º **Vestibule du Paradis et Persévérance finale.** 3ᵉ mille. Une gravure. Monographie de l'Œuvre si admirable des

Petites-Sœurs des Pauvres de Saint-Omer. Elle est présentée d'une façon très pittoresque et très attachante.

8º **Manuel pratique à l'usage des Catéchismes de Persévérance.** 5º mille.

9º **Aux jeunes gens. — Entretien apostolique** au sortir d'une retraite fermée, suivi de « **Çà et là** » à travers une Œuvre de jeunesse. **Souvenirs** des patronages d'Arras.

10º **Les Roses merveilleuses de l'ancienne Abbaye de Saint-Bertin** et « l'Arbre » des Saints Personnages Bertiniens.

11º **Souvenir du Triomphe Eucharistique** du 7 Juillet 1901, à Saint-Omer. Une gravure.

12º **Guide pratique du Visiteur dans la Basilique Notre-Dame,** ancienne Collégiale et Cathédrale, à Saint-Omer, Pas-de-Calais.

Cette brochure arrivée rapidement à sa *troisième édition,* n'intéresse pas seulement les amateurs d'archéologie, car elle a été mise à la portée de tous les visiteurs sans exception. *Elle permettra aux Audomarois* de mieux apprécier la valeur du splendide monument dont ils sont si légitimement fiers et d'en faire à l'occasion dignement les honneurs à leurs parents et amis, ou aux étrangers qui visitent, en foule, notre ville hospitalière.

Se trouvent dans toutes les Librairies de la ville.

Saint-Omer. Imp. H. D'HOMONT.